湖南省大学生思想道德素质提升工程资助项目 "六位一体" 高校资助育人工作
高校思想政治工作精品项目（2019年 第二批） "六位一体" 高校资助育人工作

春雨
——湖南大学资助育人文集

龚完全　宋　杰　主编

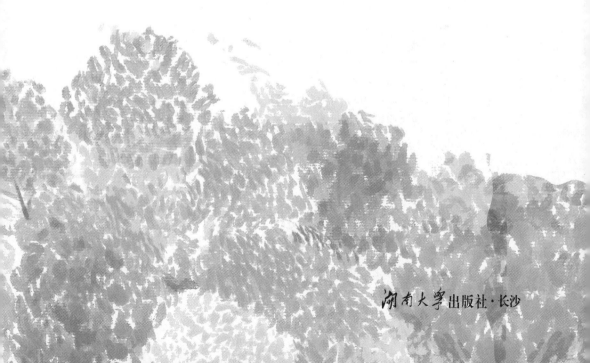

湖南大学出版社·长沙

内 容 简 介

本书是 2017 年至今湖南大学资助育人文稿的汇编,包括资助润无声、筑梦青春路、民族一家亲、护航助成长、勤工励自强五个板块;立体地展现了受资助学子们的奋斗风采,呈现了湖南大学资助育人的成果;体现了党、国家和湖南大学对经济困难学生的关怀和帮助,抒发了受资助学生的感恩情怀。

图书在版编目(CIP)数据

春雨:湖南大学资助育人文集/龚完全,宋杰主编. —长沙:湖南大学出版社,2021.8

ISBN 978-7-5667-2252-2

Ⅰ.①春… Ⅱ.①龚… ②宋… Ⅲ.①高等学校—助学金—学校管理—湖南—文集 Ⅳ.①G649.20-53

中国版本图书馆 CIP 数据核字(2021)第 136887 号

春雨——湖南大学资助育人文集
CHUNYU——HUNAN DAXUE ZIZHU YUREN WENJI

主　编:龚完全　宋 杰
责任编辑:饶红霞
印　装:长沙印通印刷有限公司
开　本:710 mm×1000 mm 1/16　印张:16　字数:205 千字
版　次:2021 年 8 月第 1 版　印次:2021 年 8 月第 1 次印刷
书　号:ISBN 978-7-5667-2252-2
定　价:36.00 元

出 版 人:李文邦
出版发行:湖南大学出版社
社　址:湖南·长沙·岳麓山　　　邮　编:410082
电　话:0731-88822559(营销部),88821594(编辑室),88821006(出版部)
传　真:0731-88822264(总编室)
网　址:http://www.hnupress.com
电子邮箱:749901404@qq.com

编 委 会

目　次

一

资助润无声

"不让一个学生因家庭经济困难而失学",是党和政府对全社会的庄严承诺,也是湖南大学对每一位学子和每一个家庭的庄严承诺。

从接到大学通知书的那一刻到走出校门后,从大学"入口"到"出口",湖南大学实现了家庭经济困难学生入学前、入学时、入学后"三不愁"。学校将"渔"与"鱼"相结合,通过多元混合资助有效地保障了家庭经济困难学生顺利入学、完成学业。无数青年学子在这里播下希望的种子,资助政策犹如甘霖般浇灌出青春之花,孕育出梦想之树。

国家资助， 谢谢你

罗鑫宇

人生总有意外

天高地阔

人生路却很难

任凭风吹雨打

我有一颗

不愿服输的心

但是我的人生

这次意外比明天先来

满是泪水与呐喊

那时候天空真的很灰暗

母亲说今后日子如何去过？

一只强有力的手

拉起了颓废沮丧的我

要我砥砺前行

那是国家的关心　社会的帮助

感谢有你

让我知道世界充满爱

让鸟儿不再害怕飞得太高太远
让我读研深造实现人生梦想
为充满爱的世界而奋斗！
衷心地说一句：国家资助，谢谢你！

作者简介

罗鑫宇，湖南大学土木工程学院 2016 级结构工程专业研究生，在读期间曾获得国家助学金，目前就职于碧桂园集团湘中区域。

满地都是六便士，我却抬头看见了月亮

刘汝琪

　　毛姆在《月亮和六便士》中写道："满地都是六便士，他却抬头看见月亮。"是啊，世俗的名誉、冰冷的财富像充满铜臭味的六便士，理想却像是挂在高高的星空那遥不可及的月亮。我愿像思特里克兰德那般义无反顾，追逐着梦想，哪怕荆棘遍地，噩梦连连，却心甘情愿深陷其中。我不批判手握便士的人生赢家，但格外欣赏脚踩便士、意欲奔赴蟾宫的追梦者；我不看低沉迷名利的成功人士，但格外欣赏褪去外物、意欲精神至上的造梦者；我不唾弃忘却初心的居安君子，但格外欣赏心怀最初、意欲漫步星空的寻梦者。

　　但可笑的是，曾经的我也是眼中只有六便士，一次一次曾在现实的无奈中低下了头，一次一次曾在现实的打压下放下了自尊，一次一次曾在现实的逼迫下做出了选择。

　　我的家在广东高要的一个偏远乡村，在那高高的山坡上，在那曲折的山路上，在那飞不出去的牢笼里。我梦想有一天能高飞，能飞出这个小世界，能像毛毛虫般，破茧成蝶后挥着美丽的翅膀翩翩起舞。但我还有中风的爷爷和年迈的奶奶，有为了照顾三个孩子而苍老的妈妈，有努力工作却沉迷赌博来释放内心压力的爸爸，还有一个不到五十平方米的砖瓦房。

　　原本我们一家人仅靠爸爸的微薄薪资维持生计，虽然生活拮据，但总算能勉强维持开支。可在三年前，爸爸所工作的工厂倒闭了，文化水平并不高的他已经无法找到愿意招他的公司，因此拿出了前几年的积蓄开了一家小小的便利店。可是好景不长，便利店就维持不下去了，于是我们不得不将它转售出去，由于毫无经济来源，家里已经慢慢负担不起我和弟弟妹妹的学费了。

　　看着一天天老去的父母，看着即将长大上学的弟弟妹妹，看着每天在为自己的生命做倒计时的爷爷奶奶，我无法再说出我要走出去、飞出这一隅之地的梦，因为我知道这个梦是要以六便士作为代价的。梦想从来是奢侈的，理想从来是空想。我不愿我的选择成为他们的负担，我不愿我的梦想成为他们的难处。我能做的只有好好读书，用坚强筑起心防，用汗水代替软弱，用成绩回报父母。

　　在高三一年里，因为学习的压力，我一个月无法入眠，还要每天照顾弟弟妹妹来为母亲分担家务。长期的睡眠不足，让我的身体不堪重负，最后是家人付出的陪伴支撑着我坚持下去。爸爸为了我戒掉了赌博，妈妈为了我每天起早做早餐，已经开始患健忘症的爷爷奶奶忘了许多人和事，却总是能记得我，关心着我的学习。庆幸的是，我没辜负他们的期望。

　　当我终于在高考中取得较好的成绩时，我却无法开心起来。当妈妈脸上还挂着激动的泪水兴冲冲地问我想去哪里读书的时候，我说："妈，我想出去打工，或者在广东读一个学费不贵的学校。"妈妈当下捏着我的肩膀，使出全身的力气对我吼："我让你读书，就是希望你能走更远，而不是一直埋没在这个乡村！"她说完之后，我的眼泪掉了下来，一直以来，我都不敢和父母说我想走出这个乡村，一直不敢告诉他们我想去外面的世界看看，看看那繁华的都市，看看那醉人的烟火，看看那广阔的山水。我知道，我的梦想，我的月亮，是他们最沉重的负担。"要是你担心家里没钱，没关系，我和你爸可以去银行贷款或者找你的大伯借一些钱给你当学费。"妈妈说完之后，将成绩单整整齐齐地叠好放在钱包里，摸摸我的头走了出去。

幸运的是，学校因为我优异的成绩颁发了奖学金，并且大伯也借给了爸妈一些钱作为我的学费，我终于能来到湖南大学求学。我的月亮啊，我一直抬头张望着，瞻仰着你的光辉，但我也必须拽着我口袋中的六便士。

来到了大学，我知道既然选择了远方，就应该踽踽前行，我投身于各种学生组织，参加各类活动，每日早出晚归。还在学校的勤工助学中心中找到一份工作，也做过家教来补贴生活，更不敢疏忽学习，在学海中一点一滴地为梦想打下基础。

舍友也曾质疑我是否加入了太多组织，做了太多的事。飞出来的我被这个绚烂的世界所深深吸引，一切我都想去尝试，一切我都想去努力。哪怕又苦又累，我也愿意一直走下去。

这个世界，的确有人可以只看着月亮而不用在意六便士，但也有人却因为六便士而忙碌奔波，最后在这个沉浮的世界里失去了自我。我从不怨恨这个世界，相反我很爱我现在所拥有的一切，正是经历过这些困难和苦累，我更加珍惜我现在的一切，珍惜为我付出所有的父母，珍惜给予我帮助的人，珍惜我所接受的一切馈赠，珍惜我所身处的学府。心怀感激，勿忘初心。

满地都是六便士，我却抬头看见了月亮。

作者简介

刘汝琪，湖南大学信息科学与工程学院 2015 级通信工程专业本科生，在校期间曾获得洗心奖学金、黄腾奖学金等资助，目前就读于中国科学院大学。本文获得全国高校第四届"助学·筑梦·铸人"主题宣传活动"学生征文一等奖"。

枸杞红了

李嘉欣

今年 6 月，枸杞终于红了。

这是一家人期待已久的颜色，红得透亮。

可，就在去年，黄河大水突然决堤，水淹过地势低洼的农田，冲倒了所有已经成熟了的枸杞树，其中，就有我们家的农田。似是大水漫过的那一晚后，父亲的背又驼了一些，眼神里尽是说不出的苍凉。我懂，都懂，家里以往所有的积蓄都用来给爷爷治病了，今年的枸杞田就是我们所有人的希望，那是承载着一家人生活的枸杞，是爷爷奶奶住院费用的来源，是我大学学费的支撑，可所有的希冀，都在一夜之间，化为泡沫。

看着别人家农田里那鲜艳的红色，我的心上好似被插了一把刀，鲜血染红心房。看着爷爷日益衰弱的身体，听着爸爸深夜里的叹息，我多么希望时间能快点流逝，一觉醒来，枸杞还是鲜红油亮地在田里等待着我们采摘。

就是那时，我第一次感受到一种无力，不知如何做，才能换得回自己和家人昔日的笑颜。那片枸杞田也只有在梦中才焕发出生机，而不是遍地泥泞，枸杞树东倒西歪的景象。

还记得以前，六七月间我就提着篮子和爸妈去枸杞田里摘枸杞。顺着藤条一个个地摘，看着鲜红的枸杞一个个地掉进篮筐里，我好像看到一个个枸杞进入工厂加工，出来的便是枸杞原酿或是补品。满足和幸福感油然而生。对我而言，那不仅是枸杞，更是家里的支撑，是我梦想的依托。

可是，大水一淹，所有的所有，都没有了。高考在即，没有了原本期待的红色，没有了支撑梦想的基石，大学，仿佛又离我远了一些，一切都不是原来期望的样子了。

那天晚上，我去黄河大桥下的农田埂上坐了许久。望着本来应该红遍了的农田，又看着淹过也灌溉过我们家农田的黄河水，我的心中涌着一种无法言说的滋味。黄河水，一直在滋养着这方土地，故此有了"天下黄河富宁夏，中宁枸杞甲天下"的说法。可是，这一直灌溉农田的黄河水，有一日却也成为淹没农田的"罪魁祸首"。水可"载舟"亦可"覆舟"。只是如今，无物以相之，何以提起梦想？大学，仿佛是个很遥远很奢侈的梦。抬头望向天空，却发现，那片星空一直都在，那么璀璨夺目，那么绚丽多彩。繁星映落在黄河，像是一幅无限延伸的绝美画卷。是啊，那片星空，是几亿光年以前的星空，而我们在看它时，已经是几亿光年以后的事情了，几亿光年的时间，沧海早已变桑田，世事变迁，山海相倾，唯亘古不变的是自己对万事万物变化的态度，万事向前看，才能以更奋发向上之姿面对人生百态，最重要的人都在身边，还有什么不满足的呢？前方总会有一缕光照亮我的人生。终有一日，我会再看见那片红。

第二天，高考。

清晨，骑车路过那片枸杞田，光秃秃的枸杞田里，好像又出现了那一抹靓丽的红色，虽然它好像没有其他枸杞田里的枸杞树那样有生机，但那一抹稀稀疏疏的红足以让我兴奋。原来，并不是所有的希望都被淹没，那一株屹立在泥泞田地中的枸杞树成了最美的风景，鼓舞着我不断向前。

带着希望，满怀期待，完成了高考。

是年夏天，我收到了学校的录取通知书。

兴奋，激动，期待，感恩。

那时，天更蓝了，黄河水也更清了，那片枸杞田好像也更红了。

可是，家里终究还是拿不出我上大学的学费，即使心境如何坦然，即便又重新拾起希冀。可是，那片枸杞田依旧是荒芜，大水漫过的痕迹还在那里，好像一切都还在原点，停滞不前。

可就在一天，一抹光照亮了前方的路：国家帮助贫困大学生上大学，国家助学金、当地奖学金在同一天发放。蓦地，整个世界亮了，所有的一切都似乎发着光，眼前忽现出一条光路，路的尽头，是接近太阳的地方。我知道，那是我的梦，我的大学梦，都在这一天，实现了！

原来，希望，是一缕神奇的光。

爸爸不会再为我的学费发愁了，也不会再在深夜里独自叹息，我想，就这样，爸爸可以不至于那么快衰老。家里终于也可以轻松一点，为爷爷治病。

离家那天，我又去看了家里的枸杞田。在爸爸的打理下，那片枸杞田又重新焕发出生机。待到来年三月种下，六月便又可收获，我甚至可以想象得到，那时，我捧着一把鲜红的枸杞，会是多高兴。

离家。

来到一个完全陌生的城市，大城市的霓虹灯从未熄灭，希望的火光也一直炙热。在这里，我遇到了很多志趣相投的朋友们，大家一起学习，一起朝着自己的目标努力；在这里，有国家、社会、学校、企业、个人对家庭贫困学生给予的各项关怀，我也有幸拿到了国家助学金和湖南大学奖学金等资助。我不会忘记，更不敢忘记，是国家政府和社会提供给我上大学的机会，是学校保障我充实有意义的大学生活，还有很多人，素昧平生，却有千般柔情衷肠，筑梦以往，铸人向阳。资助育人的举措让我感受到了国家对经济困难学生的关心，不仅是经济上的支持，更是精神上的鼓励和重塑，给予了我太多温暖，让我感受到了如春风般的呵护和温暖。大爱如此，就是这样的一种善意，春雨般润物于无声，改变了多少人，也激励着我善良和博爱。

转眼，又是一年夏天。

午夜梦回，记忆中的那片枸杞田，已是勃勃生机。枸杞成熟，红得透亮，红得欢喜。

作者简介

李嘉欣，湖南大学信息科学与工程学院 2017 级物联网工程专业本科生，获得国家助学金、博世助学金等资助。本文曾获得全国高校第五届"助学·筑梦·铸人"主题宣传活动"学生征文二等奖"。

朱槿花开

谢振海

邕江河畔处处是鲜花，母亲摘下一朵自己甚为喜爱的朱槿花，捧着它对即将前往大学校园的我说："你要在心里揣着这朵花，热情体贴待人，细心坚韧做事，即使艰难，亦要出发。"

——题记

播　　种

我家庭院里和院子墙边都栽种有朱槿花。我曾见母亲在墙边撒下朱槿花种，再用手拨动表土，疑惑地问母亲，我们家为什么栽种这种植物而不是别的呢？母亲说：它能在很小的石缝中生存，只要有一点泥土、水和阳光，它就能灿烂开放，好养活。

2018年夏天，我收到湖南大学的录取通知书。所学的编导专业学费相对而言有点昂贵，加上自己在补习学校复读的学费和同样在读本科的哥哥姐姐的教育费用，如同一把锋利的刀刃，刺进了这个家庭的胸膛。然而黑暗中的微光忽隐忽现，母亲深知教育能改变命运。庭院里，父亲蹲在朱槿花丛旁低着头不语，他掐灭了手中的烟蒂，紧接着又点燃一支，但只是看着它静静燃烧。在烟雾缭绕中看到父亲眼角流出一抹潮湿的晶莹，我知道那都是为了我们。我便暗下决心，不能让家人再为我的学习生活而操心。

扎　　根

传说，朱槿是"太阳树"，是神木，它代表着光明和吉祥。得益于国家助学贷款，我如愿地从邕江河畔来到了泱泱湘水旁。站立在千年学府的牌匾前，我感知其中的精彩如同未知的宝藏一样，正在等待我用汗水一步步挖掘。

尼采曾说过："人跟树是一样的，越是向往高处的阳光，它的根就越要伸向黑暗的地底。"入学伊始，我积极勤工俭学，加入了学校的自强照相馆，做起了一名为同学们服务的摄影师，我开始找到那个内心充盈的自己。在校期间我严格地要求着自己，不断兼职赚取生活费，以减少父母的经济压力。放假时用自己平时积攒的钱从长沙买了湖南特产带回孝敬父母。我深知传媒专业的特性：实践是唯一的通行证。因此我坚守"实践出真知"的信念，积极参加各类社会实践活动以丰富自己的学习生活。入学至今，我去过北京、广州、深圳、海南等地参加活动，祖国每一处秀美的山河都在渐渐打开着我久经保守的心扉，实践已成为我了解时代、认识世界、改变自己的重要方式。我相信脚是用来走路的，有路就有方向，路在心中，心在路上。

国家助学贷款正像那一棵朱槿，它是我的"太阳树"，给我带来了光明，我深知国家的助学政策对于我的意义。然而在实现梦的途中，每个人都需要一砖一瓦的堆砌之功。于是，我怀揣着对"助学"之举的感恩，扎实学习，脚踏实地，以积极饱满的精神状态投身社会实践中。

2019年暑假，我回到我的家乡参加了广西日报社的实习工作。实习期间，我在报社老师的指导下对南宁的母亲河——邕江进行了实地探访，策划、拍摄和制作了原创系列视频《百里秀邕江》，稿件在广西日报法人微博编发后获得了大量关注和强烈的社会反响。其中稿件《夜游邕江：品味华灯初上的绿城之美》在编发后获得南宁籍艺人王鸥女士的转发点赞，还荣幸地被人民日报法人微博转载。如果没有国家助学贷款，我便无法轻松地走上传媒之路，也没有机会通过新媒体向网友们展示秀美的百里邕江。此次实习让我对宣传工作中"四力"有了更为切身的体会，我更应练好自己的脚力，提升专业基本功。

开　花

"助学"不单是"助"，更应该有"学"。入学以来，我不断突破自己，努力尝试不同的实践，为自己争取更多的可能性。大一时热衷各类活动的我收到广州大学生电影节组委会的邀请，代表大学生赴广州参加广州大学生电影节闭幕式暨颁奖典礼，并担任学生开奖嘉宾。作为湖南大学唯一的学生代表，与来自全国其他高校的伙伴们一同站在颁奖台上，在聚光灯下诠释着光影世界中耀眼的青春模样。2019 年 3 月，中央电视台新闻频道特别节目《家国清明》摄制组在长沙爱晚亭开展录制活动，我积极报名担任志愿者以协助他们完成拍摄任务。在几天的录制中我目睹了央视老师们务实的工作作风与精准的采写，这使我对"铁肩担道义，妙手著文章"有了更深的理解，也激励着我在专业路上要有更高追求。不拘于已有的一亩三分地，乐于冒险实践的我又远赴三亚参加海南岛国际电影节，这极大地拓宽了我的眼界和丰富了我的生活，青春价值在奉献中得以升华。如果说成长有诸多打开方式，我已找到最适合我的成长方式——学而实践。

天道酬勤。经过勤恳学习，我获得了校级奖学金和学校公派出境交流的机会，为自己已过大半的大学生活添上了较为满意的一笔。如今，我更加需要脚踏实地一步一个脚印地做好自己该做的事情，无愧于国家的好政策，努力成为一个优秀的宣传工作者，在新时代能以扎实的本领和技能为讲好中国故事做出自己的贡献。

"鹧鸪声苦晓惊眠，朱槿花娇晚相伴"。那晚夜已深，坐在书桌前的我透过窗户瞧见院子里那一簇簇在风中摇曳的朱瑾花，便想起母亲在我上大学临行前送我的那朵朱槿花。我想，朱槿在冲破泥土束缚努力绽放时，周围的一切都会成为它的背景，那一朵朵鲜红的花，象征了南国里最坚强、最热情、最灿烂的生命力。

作者简介

谢振海，湖南大学新闻与传播学院 2018 级广播电视编导专业本科生，获得"湖南大学-国酒茅台'薪火计划'励学金"与国家助学金资助。本文入选 2020 年由中国银行、全国学生资助管理中心、人民日报社新闻协调部共同主办的"国家助学贷款助我成长"主题征文活动百篇佳作。

资助引燃心中的火

臧朝强

或许，一滴雨露，能让饥渴的树苗不再枯萎；

或许，一阵清风，能让阴霾的天空不再灰暗；

或许，一丝温暖，能让冰冷的躯体不再僵硬。

不弃的助力，引燃我心中独立自强的火，让我幼弱的心灵变得坚强、充满希望。

"人居朝市未解愁，请君暂向北邙游"。北邙之阴，母河之阳，我生在、长在这贫穷却又富饶的地方——八百诸侯会盟之地的洛阳。

山上的野菊花、红酸枣、红薯，河边的毛锥子、柳笛还有收废品的大爷和我那黑亮的弹弓伴随着我的整个童年。以前我心中一直会羡慕城里的孩子和他们五彩的生活，我心中会疑虑如何和城里的孩子相处。但现在看来我的童年充满了幸福。

自我有记忆开始，家中的日子就一成不变。无论刮风抑或下雨，父母总是每天五点半起床做点心，做够需要的量之后将点心放在通风的地方，再送到附近的小卖铺里。特别是夏天，会起得更早一点，因为太阳一出头，就不会再有凉风。日复一日，父母供家中三个孩子上学，不言苦，不言累。此时观彼时之我有父母无声的爱，是相当幸福、无忧无虑的。

小时候的我单纯得很，心里每天只有三件事情——吃饭、写作业、帮父母干活，但并不觉得这样的日子很乏味。但自从父亲伤到右手无法正常劳动之后，我才意识到我不能再浑浑噩噩地重复这样的生活。我也开始思考我要怎样去度过我的人生。

小学的时候我和妹妹的学杂费是国家出的，当时唯一的感受就是"国家挺好的，让我们一部分人免费上学"，我也很厚道、很单纯地想，"既然都免费上学了，一定得好好学"，就这样保持班级前两名的成绩上到了初中。

初中的时候，我住宿在离家 5 公里地之外的初中学校。每个星期父亲会给我 50 块钱，这 50 块钱就是我一个星期的全部支撑，买文具、吃饭的钱全部从里面支出。为了省 4 块钱路费，每次我会提前一个小时出发，乘着"11 路"奔去学校。国家每学期会给我 200 块钱食宿补贴，虽然不多但也是我一个月的全部开支。但这 200 块钱我会花 5 个星期。一般我会留在临近期末考试的时候花，因为这样更能督促我努力学习，期末的成绩也会比较稳。

最后多亏这 200 块钱，我也顺利考入县一中的重点班。虽然不会再走着去学校了，但我很享受那段时光。

后来，母亲的耳朵离聋不远了。我更意识到不考个好大学，以后估计连父母都不能好好赡养。每天 6 个小时睡眠，三年的闭关修炼，帮助我考上了湖南大学。

也许是听到了我心中想要实现赡养父母、减轻父母压力的愿望，国家继续助力我学习，先是国家助学贷款，后是国家助学金。学校更是免除了我大一的学费。现实虽然残酷，但我心中亦有美好的愿望，国家不弃的助力让我走到现在。是国家让我懂得"人穷志不穷，浩气贯长虹"，总有一天，总有一日，我心中的愿望会因国家不懈的助力而成真。

不懈的助力创造不灭的希望。我们会成为我们期望的样子。

我一直在思考，我为什么又怎么能心安理得地接受国家或者个人的资助，我受了这些资助应该怎么做才能不辜负或者说对得起这些资助、对得起自己。我没有明确答案，作为一个随性的人，我不会说工作以后全身心地投身到资助育人的队伍中去，去壮大这支队伍，只能说我这一生都是这支队伍中的人，工作以后能为资助工作做多少全凭本事。当然现阶段我所想所做的只有一件事，就是把受助的钱全部用来让自己变得优秀，让自己变得有本事。

我见过很多受助的学生，很多将全身心放在学习上，不闻外事；也有一些学生感觉无所谓，受资助只是为了让生活水平提高一些。我想这样的资助结果并不是大家所期望的。当我受了一份资助，我应该去努力做一个身心全面发展的人，要学习、要感恩、要自强、要努力成为一个能在社会立足、能够有点影响力的人。

资助的是贫寒学子，教育的是萌芽思想，当这份思想长成参天大树，我想资助才算得上真正的资助。

作者简介

臧朝强，湖南大学电气与信息工程学院 2016 级电子信息工程专业本科生，在校期间曾获得 2016 年河南省金鑫爱心教育基金会贫困大学生助学金、2016 年洛阳晚报爱心帮扶中心助学金、2016—2017 学年国家助学金、2017—2018 学年国家助学金、2018—2019 学年国家助学金、2019—2020 学年国家助学金等资助。

慢慢走， 往前行

乐光辉

2014年6月8日下午5点，熟悉的铃声清脆悦耳，我放下笔缓缓起身，慢慢地走出教室，走出校园，走向家的方向。三年的备考，无数的大小考试，让我已心如止水，放下笔的那一刻心中早已对结果有了一定的把握，彼时，我心中最挂念的无非是我的家人——身体瘦弱却豁达开明的父亲、学识不多却温柔善良的母亲以及可爱幼小的妹妹。这就是我的小家庭，安安稳稳地坐落于抚州市樟坊村的一小户人家，家庭并不富裕，却其乐融融。

父母亲的文化程度不高，只有小学、初中的水平，但是，在我眼中他们拥有着劳动人民的很多的智慧和淳朴。记得小学四年级的一天，我因为贪玩忘记了老师布置的家庭作业，回到家便哇哇大哭起来。父亲见状，问清了原因便带着我去了学校，让我骑在他的肩膀上，透过教室的窗户记下了布置在黑板上的家庭作业。当时的我很是诧异：父亲为什么没有批评惩罚我的贪玩不用心呢？晚饭过后，我才知道了缘由。父亲把我叫到院子里，先问我："作业写完了吗？"我战战兢兢地说："写完了。"接着，父亲便说出了那番让我铭记终生的话："儿啊，遇事不要着急，要慢慢来、慢慢走。我跟你娘一生大部分时间都在种庄稼，这事是最急不得的。就拿这水稻来说吧，你夏天插秧，必须等到秋天才能收获，非得让它们晒够了太阳，喝饱了雨水才行！这一切都有老天爷管着呢，你急不得！"他顿了顿，接着说："这忘了记作业，先要想怎么解决问题而不是干着急。而且啊，以后着急的事情多着呢！爹知道你要强，什么事都想做到最好，可咱们也不可能万事都比别人强。咱们不能着急，咱可以慢慢来、慢慢走，一点一点地去赶上别人。赶不上也没关系啊，只要一直在往前走，就行啦！"

那一年，我还是个稚气未脱、懵懵懂懂的小男孩儿，父亲说的很多话我都不太能理解，可唯独记住了一句：儿啊，遇事不要着急，要慢慢来、慢慢走。多年过去了，在迈入大学校园的前一晚，父亲的这些话忽然又进入我的脑海，令我醍醐灌顶。这多年来，我也一直慢慢实践着父亲的这番教诲。

初入大学，遇到的第一个难题就是经济问题。由于家庭不富裕，还要供养上小学的妹妹，怎么解决我的学费问题成了燃眉之急，幸而，有国家助学贷款专门帮助贫困生完成学业。我告诉了父亲，他说："好啊，国家能帮咱们是荣幸！咱不怕同学们笑话，以后好好学习，回报国家就行啦！"我在电话另一端狠狠地点头，也是在那时，我第一次明白了父亲当初说的"不可能万事都比别人强"。这慢慢走，便是不卑不亢、敢于承认自己的困难并接纳别人的帮助，慢慢地去回报、感恩。

果然，功夫不负有心人。不仅真诚淳朴的性格和默默的努力为我带来了与同学们的友谊，得到了同学们的尊重，我还作为班长带领全班获得校级"十佳优秀班集体"称号。我兴奋地给家人分享这份喜悦，父亲只顾着一个劲儿地说："好！好啊！我儿有出息啊！"听着父亲苍老的声音，我仿佛能看到他因为开心蹙起的眉头和眼角深深的皱纹，那一刻，我很自豪！

铭记着父亲的教诲，我在大学期间也尽自己的最大努力回报学校和社会。听说湖南大学图书馆有志愿者和勤工助学的岗位时，我毫不犹豫地都报了名，而这一干就是两年。坐落在岳麓山脚下的图书馆，静谧可人、书香满园，能在这里服务两年是我的荣幸和骄傲。引导同学们有序借还书、组织大家更换新旧图书……这些虽然看似是不起眼的工作，对我来说却十分重要，也令我十分有成就感和满足感。每当完成当天的任务后，我还会慢慢走在一排排书架之间，寻觅大家最近借阅最多的图书细细品读。路遥和余华对乡村青年奋斗的描写令我感到亲近、兴奋，村上春树平和的文字教会我对自己拥有的一切照单全收，卡尔维诺的文字生动有趣又颇具人生哲理……一卷卷白纸黑字陪伴我慢慢走过，潜移默化地影响着我的性格和人格，等待厚积薄发的那一天。

　　除了图书馆的工作外，最令我感动和自豪的便是大二暑期在湖南郴州双溪村双溪小学的支教活动。作为十人支教小队的队长，我认认真真履行着自己的每一份责任：从联系支教的小学到购买十人的车票，从课程安排到生活起居，我事无巨细地为大家考虑。山区的条件十分艰苦，我们自己生火做饭、烧水洗澡、打地铺、上街赶集……最重要的是，我们细心安排了每一门课程，接收了超出预期两倍的学生，并不辞辛劳地一家家进行家访，了解他们的困难。为期15天的支教活动开展期间，那里的孩子们亲切地叫我们"老师"！我不曾想过，有一天我也能够以老师的身份为孩子们带去知识和快乐，他们的生活和学习条件也使我倍加感恩自己拥有的一切，即便我并不富裕也不足够优秀，可我不会着急和怨天尤人，我会脚踏实地，虽步伐缓慢却铿锵有力、永不止步。

　　写到这里，父亲沧桑的声音又在我的耳畔回响，父亲那步履蹒跚的背影也映入眼帘，似乎是泪水打湿了我的双眼，我感到从未有过的幸运和自豪。在这个平凡的世界上，我们这一家平凡的人，至此没有经历过大灾大难，却也遍尝生活的艰辛坎坷，虽有诸多的不满不足，却也始终在慢慢地、慢慢地向前走。

作者简介

乐光辉，湖南大学电气与信息工程学院 2014 级电气工程及其自动化专业本科生，在校期间曾获得国家助学金等资助，目前就职于长园深瑞继保自动化有限公司。

她和"它"的故事

范 凤

这个地方算得上山清，也有一个好听的名字叫"茶花林"，却称不上水秀，放在以前便是人们所说的蛮夷之地。她啊，就是生在这个地方——几代都没有一个女孩子走出去过的穷山。所以，她和"它"的故事注定会很动听。

祖辈世世代代都是庄稼人，最近一代只有三叔一个人走出去了，但仅仅限于一个老师名头，女孩子就更没有了。那时，听着三叔的故事，嚼着苞谷饭，觉得他说的是极对的——走出去就是为了吃大米饭。她讨厌苞谷饭，她喜欢大米饭，要吃一辈子的大米饭。她要走出去，她不要在这个地方庸庸碌碌，更不要早早嫁人，一辈子面朝黄土背朝天……她有极好的父母，从不重男轻女，从未外出打工，经常说的话是"只要你读得了书，砸锅卖铁也供你"。她就这样努力着，看得到将来是明亮的。

小学，即使跑着去上也要50分钟，没有宽敞的沥青马路，只有弯弯曲曲泥泞不堪的山路。夏天是她最喜欢的季节，因为天亮得早，路干，不冷；不似冬天，鞋子早早湿透了，手僵到写不了字……

初中，即使知道亲戚不太喜欢她，她还是选择寄宿在亲戚家，去了城里面读书，唯一的原因是那里的教学质量比这个地方好。谁也不认识的她常常自己走黑漆漆的巷子，穿被人嘲笑的俗气的衣服，然后挑着灯看书，享受孤独……

高中，她如愿以偿考上了市里最棒的学校。这个时候，她已经习惯了孤独，学会了独立，会精打细算自己的生活费，那 400 块钱除了吃吃喝喝，还能买衣买鞋，买学习资料，交话费……

然后，她考上了大学，离那个地方又远了一点。

她和"它"的故事真正开始了。

"它"究竟是谁呢？其实，"它"的朋友们很早就来到她的学习生活中了，小学时候的生活补助，初中的早餐补助，高中的国家补助，大学时"它"真正有了名字——国家助学贷款。

考上大学时，她很开心，却又很忧郁。父母虽说砸锅卖铁也供她读书，但毕竟上有哥哥下有弟弟妹妹，妹妹还有轻度智力障碍，家庭的重担不可小觑。这时候，国家助学贷款将她从泥淖中拉了出来。读书期间不计利息，可以覆盖学费和部分生活费，这雪中炭解了她的燃眉之急。

大学每年她都贷了 6 000 元，剩下的小小部分由父母解决。学费问题的解决让她对大学生活充满期待，她想去看一场只有自己的电影，她想和姐妹去逛街买自己喜欢的东西，学习化妆，试着减肥……她想做的东西太多。最终，她觉得，不花钱或是少花钱才是现阶段力所能及的事。于是，她一直没能去成电影院，想看的电影都在手机上看；她和姐妹逛了街，但没买商场里的东西；她成功减了肥，却一直没能学成化妆；她花大把的时间学习，拿了国家奖学金，然后暑假去调研，去更偏远的地方支教；她更加努力地考了大学所有便宜能考的证，要花大钱的证她现在不敢考，想着以后工作了再考；她不是很聪明，却努力地学会了很多软件，老师们愿意带着她做实验、搞数据。总之，大学的她，在助学贷款的帮助下，活得很精彩，且没有给家里添加负担。

刚大学毕业的她，虽然知道自己已经负债 24 000 元，但她不害怕，依然坚持走自己的路。顺利保研的她在读研的过程中还完了所有的贷款，然后跟着导师公费出国，去了她梦想中的浪漫巴黎，看了她想看的风景。回国后的她进了知名外企，拥有自己的房和车，化着漂亮的妆，自信、独立、从容。她终于彻彻底底地变成了自己想要的样子。

她总和我们说，这一路走来太艰难，接受的帮助无数，每一样都不会忘记，助学贷款是她会永久铭记的，因为担心学费的日子太过于记忆深刻。没有那每年 6 000 元的无息贷款，她的大学不会快乐，也不会真正充实，或许她每天都会想着如何赚钱赚学费，眼光会被现实挡住，没有时间去实习、支教、调研、搞课题，她应该会很累。

因为有"它"，现在的她才能感受到：面朝大海，春暖花开。

她和"它"的故事告一段落，但"它"和别人的故事或许还在进行，或许才刚刚开始。

作者简介

范凤，湖南大学金融与统计学院 2017 级金融学专业本科生，获得国家一等助学金。

不忘初心，逐梦前行

梅　珂

　　时光流转，岁月蹁跹。求知路上，跌跌撞撞，一走已是十三年，路漫漫兮，有苦有甜。党的十八大以来，国家的资助政策实现了"资助体系建设年年都有新动作""资助总量年年都有新增长""资助发展内涵有了新突破"。可以说，是党和国家的政策，给予了一泓滋润我干涸心灵的清泉，点亮了一盏指引我在黑暗中前行的明灯，培育了一代代为实现中华民族伟大复兴而不断奋斗的青年。

　　我出生在贵州毕节一个偏远的小山村里，这里阡陌交通，鸡犬相闻，这一方宁静水土养育了一代代渴望走出大山、摆脱贫困的人。生活在这里的农民辛勤劳作，面朝黄土背朝天，只为儿女能够上学，让儿女实现他们无法实现的梦，他们坚信农家的子女只有通过获得知识才能改变命运。我的父母也是质朴的农民，父亲在镇上有一份工作，母亲在家种田。我大概四岁的时候，母亲就不在我身边，一个人在外打工，很少回家来看我。那时，父母经常吵架，父亲因为工作原因，不能经常回家，我一直是在大伯或者姨妈家吃住，后来我还没上学时，父母就离了婚，父亲一个人支撑起了家庭。因为生在一个单亲家庭，加上自身年龄小，小学时经常受到同学的欺负，所以我从小性格就很内向腼腆。后来我上三年级时，父亲担心我的成长，重新给我找了一个很关心我的母亲。我上初二时，传来了已经多年与我未曾谋面的亲生母亲去世的噩耗，我想，是长期的分别让我和亲生母亲之间没有了感情，当时的自己并没有流下泪水，后来在遇到困难挫折时，每想起这些，眼泪都不禁会流出。

但是，生在这样的家庭，我从未感觉到失望和辛酸，反而乐观向上，懂得进取。国家的九年义务教育让我初中顺利毕业。2013 年 7 月，因为学习成绩优秀，我考上了全市最好的高中。上了高中需要高昂的学费，加重了父母的负担，家里也经常入不敷出，父母也是省吃俭用，把钱主要用在供我上学以及我的吃穿上。每次开学时拿着父母的血汗钱去交学费时，我都很心疼自己的父母，希望自己能够早日成人，回报他们。伴随着 2012 年 11 月 8 日党的十八大顺利召开，国家助学金以及来自社会人士的贫困资助带给了我希望，在高中上学的三年期间，我每年都获得了来自韩国衣恋集团的贫困助学金 3 000 元，加上自身的努力学习也让自己在每学期期末时能获得来自国家一定数量的奖学金。来自国家以及社会的助学资金，说明国家和社会一直在关注贫困地区学生的成长和学习，我从中感受到了爱和温暖。一直让我记忆深刻的，是挂在高中贫困资助中心办公室墙壁上的一面旗，上面写道"今日贫困生，明日栋梁才"。这也让我拥有一个梦想，长大之后一定要懂得感恩，回馈社会，为国家发展做出贡献。

2016 年 8 月，我收到了来自湖南大学的录取通知书，实现了我梦寐以求的大学梦，我是我的家族里第一个考入重点大学的孩子。让自己的孩子读书成人，这是我们村每一个农民家庭的朴素愿望，家乡与我同龄的很多孩子，有的早已娶妻或嫁人生子，有的为减轻家庭负担，外出打工或服兵役，我很庆幸自己拥有摆脱贫寒命运的能力。"保障各教育阶段从入学到毕业的全程全部资助，保障贫困家庭孩子都可以上学，不让一个学生因家庭困难而失学"，这是教育部等六部门联合印发的《教育脱贫攻坚"十三五"规划》中明确提出的；感谢国家、社会和我的父母，给了我接受高等教育的机会，给了我实现自己梦想的平台。

一个伟大的国家，一项助学政策，成就了无数寒门学子的梦想，铸就了一代青年的风骨。之前，我一想到大学学费压力大，每个月要靠父母寄生活费，还需要自己安排开销，很多事情需要一个人承担，尤其怕每次月底没钱的时候，这时一想起在家辛勤劳作的父母，心中很不是滋味。但是刚刚进入大学，学院就组织开展了国家贫困助学金的评定工作，在大一学年，在班委和辅导员老师的推荐下，我获得了每学年 3 000 元的贫困助学金，不仅如此，我们学院还有 47 个像我一样来自贫困家庭的同学获得了不同等级的贫困助学金；成绩优秀的同学还会在每学年期末评奖评优中获得高额国家奖学金。国家的好政策，让我不再为高昂的学费而担心，家中的父母也喘了口气，心理压力骤然减轻，我也变得更加懂事和上进。

"薄柳之姿，望秋而落；松柏之质，经霜弥茂。"我相信，在磨难中，只有不断用知识充实自己，努力实现自己的梦想，才能应对未知的风风雨雨，才不会辜负党和国家的培育，才能成为对国家、社会和人民有贡献的人才。"今日之责任，不在他人，而全在我少年"，意气风发的少年，让我们不忘初心，以蓬勃向上的姿态继续前行。

作者简介

梅珂，湖南大学金融与统计学院 2016 级金融学专业本科生，本科期间曾获得国家二等助学金，目前就读于湖南大学金融与统计学院，攻读硕士学位。

自此阡陌多暖春

黄嘉欣

人生最精彩的不是实现梦想的瞬间，而是坚持梦想的过程。

——题记

梦想，犹如一阵风，吹向未来；梦想，犹如一艘船，驶向远方。每一个贫困学子心中都有着一个通过努力学习改变命运的梦，摆脱贫困、为家人创造一份更好的生活，是我们不断追求的目标。对目标的坚持让我们拨开命运的迷雾，找到了奋斗的方向。在追梦途中，生活的重担也许会压得我们喘不过气来，但这个世界上总有人对我们温柔以待，给我们勇气与力量。面对现实的荆棘，国家助学金资助制度为每个贫困学子的追梦之路保驾护航，让我们在斑驳人生路上感受到了这一份温暖。

那是我第一次见到杨越。沉默寡言，黑黑瘦瘦的，骨子里透着一股不服输的倔劲儿。

林清玄先生说："在人生最底层也不要放弃飞翔的梦想。"我每每看到这句话，心中都五味杂陈，久久不能平静，仔细想想，这大概说的就是他了吧。杨越是我们隔壁村子里的一个学生，家中十分清贫，与爷爷相依为命，父母在外地打工，收入微薄，平时便靠着家中的一头耕牛耕种来维持生活。这里教育落后，唯一的一所中学远在十公里以外，他每天早上都五点从家中出发，跋涉十公里的山路去学校上课，起早贪黑，披星戴月，但与他同窗的这几年，我从未听过他抱怨。他总是默默地埋首苦读，不论刮风下雨，都是第一个来到学校，最后一个离开。有一次我问他："你的梦想是什么？"他憨憨地一笑，目光如炬，坚定地说："努力念书，走出大山，学一身学问，带着爷爷和爸妈去过好日子。"我确定，我看到了他眼中闪烁着的梦想的星光。他的家里没有一件像样的电器，晚上回到家中，就靠着一盏亮着微弱灯光的灯泡照明。在寒冷的严冬，他又该如何取暖？我常看到他的手被冻得青一块紫一块。但即便是这样的艰苦环境，他也没有一刻松懈放弃，成绩总是名列前茅。命运总是眷顾努力拼搏的人，终于，在炎热的夏天，这个村子里迎来了他金榜题名的消息。

在收到通知书后，除了沉浸于被心仪大学录取的喜悦之外，杨越的家中更多的是被笼罩在忧虑之中。巨额的学费和生活费负担对本就一贫如洗的家庭来说无疑是雪上加霜，杨越的父母把周围的亲戚都借了个遍也才仅仅凑足了 3 000 元，面对学费、生活费以及路费短缺的窘况，这些只是杯水车薪，远远不够。在那段时间里，杨越憔悴了许多，脸上时常显现出与这个年纪不相匹配的愁容，他甚至一度想放弃这个努力争取得到的改变命运的机会，外出打工，为拮据的家庭解决燃眉之急。残酷的现实敲打着这个脆弱的梦想，试图湮灭他心中的求学希望。

就在全家都一筹莫展的时候，老师给他带来了绝望中的希望。老师告诉杨越，他满足国家生源地贷款的条件，可以申请国家助学贷款，进入大学后，国家也建立了贫困大学生助学金制度，每位贫困大学生可以申请到 2 000—5 000 元的助学金。这样一来，不仅可以按时缴纳学费，而且可以解决杨越在校生活问题。国家助学金让杨越在飘摇的追梦之旅中有了一个依靠，就像无尽荒漠中的一泓清泉、严冬里的一缕暖阳，给了他继续前行的力量。

"世界上只有一种真正的英雄主义，那就是在认清生活的真相后依然热爱生活。"罗曼·罗兰的这句话激励着杨越，他没有因为贫寒的家境停下脚步，没有因为求学的艰辛降低自己对未来生活的热爱。在进入了梦寐以求的大学之后，杨越找到了更广阔的天地，接触到了许多在家乡没有接触过的新奇事物，开始变得不再那么沉默寡言，变得更加自信、开朗。但他没有忘记自己的初心，怀揣着对国家、对社会的感恩，更加努力地学习钻研、拓宽视野。图书馆中常常能看到他奋笔疾书的身影，在这里，杨越开辟了更加广阔的天地，这也将帮助他最终完成梦想，改变命运。成绩优异的他获得了各项奖学金，学费不再成为家庭的负担。杨越很感激这笔帮助他前行的资助，他曾说："国家的资助帮助我走出了黑暗，让我有机会改变自己，改变命运，我希望未来的自己能够用国家教给的知识去回报国家，为国家的建设添砖加瓦。"杨越也是这么做的，他积极参加偏远山区的支教活动，努力地把自己接收到的温暖传递给每一位需要的人，他用着自己的方式感恩、回报社会。我感动于这份赤诚的感恩之心，这种正能量也不断地感染着我。

幸而数载寒窗苦，自此阡陌多暖春。国家这颗明亮的星辰，会陪着杨越在夜空中闪闪发光，在他的世界里，照亮他的路。晨雾微光，每一位贫困学子的征途都是星辰大海。在这风华正茂的年纪里，每一位追梦人都应为自己的梦想不断奋斗，黑暗尽头便是光明。

辛弃疾说："乘风好去，长空万里，直下看山河。"愿每一位在黑暗中拼搏的贫困学子都能乘着梦想的风，迎来自己浩瀚的星辰大海。

作者简介

黄嘉欣，湖南大学金融与统计学院 2017 级金融学专业本科生，获得中国金融教育发展基金会"精准资助大学生千人计划"助学金、国家三等助学金。

感恩是最好的动力

岳 旭

匆匆那年，我踏入湖南大学的校门，如今，我已在湖南大学求学两个年头。国家给予我的援助使我在这个原本陌生的城市里倍感温暖，心中的感激之情使我更加努力地学习，望有朝一日为国为民都能尽自己的一份力，回报国家和社会。

我出生在河南内乡的一个农民家庭，家境本就不富裕，考上大学的时候，全家人面对着高额的学费眉头紧锁。母亲为了能让我有钱读书而积劳成疾，父亲仅以种田的微薄收入支撑着全家的生活。我甚至一度有放弃上大学的念头，因为我不想父母再为我这么操劳了，忧愁冲淡了喜悦，但是好在国家有好的政策，可以给贫困的大学生无息贷款，这大大减轻了我家庭的负担。助学贷款让我圆了大学梦，也为我的家庭燃起了新的希望。

拿到贷款的那一天，我激动得流泪了，因为父母终于可以松一口气了。在大学里的这两年，家里并不能给我提供很多的生活费，我在学校的生活也是勤俭节约。辅导员老师得知我家的情况后，主动找我谈过话，安慰我并且也为我申请了国家助学金和校内院内相关的助学金，一定程度上改善了我的生活。班级同学对我也十分关心，在生活上的困难他们都乐意帮助我。我深知，作为贫苦人家的孩子，要自立自强。我尽量少从家里拿生活费，自己去做兼职勤工助学，我做过家教、发过传单以及其他各种工作。

作为国家助学贷款和国家助学金的受助对象和最终受益人，我深刻感受到了党和国家对贫困学生的关注、关心和关爱，借此机会我想表达一个心声：感谢党和国家对我的关怀，感谢河南省开发银行对我的资助，感谢母校对我的培养，感谢领导和老师对我的支持和在生活上、精神上给予我的无微不至的帮助，真心谢谢你们！我觉得自己应该用实际行动来报答党和政府的关怀，一定要努力学习，成长为对社会有用的人。

大二的这个暑假，我没有回家而是留在了长沙实习。通过这次实习我想学到有用的知识、积累经验并且结交一些志同道合的朋友。这次实习也能给我带来一些微薄的收入，最起码可以减轻家里的一点负担。唯一的遗憾是作为儿子的我没有办法陪在二老身边，哪怕只是陪伴我也没有办法做到。其实我觉得，助学贷款对我而言，不仅仅是经济上的援助，还给了我一种信念，更给了我生活的勇气。我觉得，贷款给我心理上的压力远比资助小得多，因为无偿接受别人的资助，我会觉得很内疚。而贷款，我相信自己会有能力还掉，所以贷款的方式帮我排解了很多心理上的压力，使我减轻了歉疚感，并成为促使我继续努力的动力。今后我一定要努力学习并掌握过硬的本领，树立起坚定的政治信念，自觉接受党的教育，走在同学前列，承担起一名大学生应尽的责任。这两年来，我不放弃任何为社会服务的机会，积极参加志愿者活动，当过献血车志愿者、地铁志愿者，参与过植树活动，等等。在大家的推举下，我担任了班级学生干部，并积极主动帮助其他有困难的同学。我还正在申请加入中国共产党，积极向党组织靠拢，努力实现梦寐以求的人生愿望。

感谢国家这么好的政策，体恤穷苦的人民，我也会尽自己所能真心回报社会。我虽不认为自己有什么突出的地方，但我始终把生活的艰辛当成前进的动力，把党和政府、学校老师的关怀与照顾当成自己奋斗的支撑。从大学生的教育中我懂得了回报社会的责任，我要知恩图报，不忘他人，尽自己所能回报党和政府，回报社会。现在的我还是一名学生，我的主要任务就是学习。所以我能做的就是刻苦地学习，将来有所成就，才能更好地回报国家和社会。将来的我也一定会时刻鼓励鞭策自己，踏踏实实做人，认认真真做事，为建立和谐社会传递一种力量。

最后，真心感谢党和国家给我的帮助，此生不忘！并以此作为我的责任，化为我的动力，去努力，去奋斗！

作者简介

岳旭，湖南大学化学化工学院 2015 级应用化学专业本科生，在校期间曾获得国家二等助学金，目前就读于湖南大学化学化工学院，攻读化学专业硕士学位。

为梦前行

李慧敏

午后微暖的阳光下，隐约可以看到她脸颊上细细的绒毛。她扯了一下耳边的头发，微笑着说了一句："哪有什么岁月静好，不过是有人替你负重前行罢了。"

刚遇见她的时候是开学伊始。绝大部分新生在父母的陪同下陆陆续续到了学校并办理好报到手续住进了公寓。她是我见到的第一个也是唯一一个独自报到的孩子。并不算高大甚至略显瘦弱的她拎着大包小包艰难地走到报道的帐篷前："你好，我是赵若男。"炙热的阳光洒在她的脸上，隐约可以看到她额头上渗出的细密汗珠，她利索地翻出需要的生源地贷款资料交给我们，轻轻地道谢，认真地签完字转身离去，背上的书包对于她那么一个瘦瘦小小的女生来说着实有点大了。

军训时候个子并不算太高的她站在人群中间并不显眼，我忍不住偷偷看她，发现那张年轻的脸上写满了不甘与坚强。

军训结束那天是她的生日。晚上教官检查卫生的时候，她的床被整理得和她本人一样干净而整洁。整个楼道的同学们兴奋得像一群小鸟一样，叽叽喳喳憧憬着正式开启全新的大学生活。而她却安安静静坐在桌子前写着最后的军训日记。检查过之后，整个班的同学都在餐厅等着给她惊喜。她没来得及换衣服，穿着略显宽大的军装的她呆呆地望着面前并不算太大的蛋糕。停顿了将近一分钟之后，她背过身去掩着嘴不停地流泪，刚刚成年的她哭得像个小孩子。

后来她一直向我们道谢，"这是我好几年来第一次过有生日蛋糕的生日"，她的一句话让我觉得站一天发传单换来的蛋糕真的值了。

后来在餐厅吃饭的时候我们又碰面了。我端着餐盘走到她的身边，她站起来向我问好。我们简单地攀谈了几句之后都陷入了沉默。我觉得有些尴尬，想找个话题缓和一下气氛，却瞥见她很多次欲言又止。后来她终于鼓足勇气说了出来："你知道吗？我妈妈一直生病，小的时候家里有好多药瓶，我就拿着药瓶当玩具玩。后来稍微大一点的时候，煎中药成了我最厌恶的事，满屋都是中药的味道。而我爸爸在我七岁那年因为连夜加班出车祸就没了，他不让我再玩药瓶，他说会给我买漂亮的洋娃娃，可是他再也没有回来了。我现在甚至觉得爸爸在我的印象里都是模糊的。我现在上学的学费都是用国家助学贷款交的。"她说着说着笑了，"我们国家的政策真好。"

我一直安静地低着头没敢说话，我怕我的哭腔在像是讲别人的故事一样不带感情说出来这些的她的面前会显得矫情。她匆匆拨了几口饭，端起餐盘跟我道别。

再遇见她的时候，是她拿了新生杯辩论赛奖的时候。看起来沉默不语的她虽然属于败的一方却拿了最佳辩手。在辩场上她坚守自己的观点，言辞犀利却不刁钻。在那个年轻的战场上，她似乎从来没有惧怕过什么。

后来听说她不仅加入了学校的勤工组织，周末还要去做家教和其他兼职，几乎没有休息的时间。因此我也几乎没有再见过她，只是偶尔闲来无事翻翻她的朋友圈，却总会被她阳光的生活态度所感动。

寒假回家的时候在火车站碰到和开学时一样拎着大包小包的她，离老远听见她喊我的名字，然后见到她激动地向我挥着手走过来。"这半年我觉得自己长大了不少。我要回去照顾妈妈啦，不知道她最近有没有好好吃药呢，我不在她只能自己熬药了。"低着头显得很担心的她在那一瞬间让人心疼不已。"我要走了哦，就要晚了。"那个瘦弱的背影越来越远，越来越让人心疼。

学年末评选勤工年度最佳人物奖，她站在台上扬起脸用温柔却坚定的语气微笑着说："哪有什么岁月静好，不过是有人替你负重前行罢了。"午后微暖的阳光下，隐约可以看到她脸颊上细细的绒毛。

我时常想起若男匆匆的脚步、瘦弱的背影以及常常洋溢在脸上的灿烂的笑容。仿佛她经历的一切都是命运的馈赠，她永远是那么坚强那么乐观，永远保持着昂扬向上的生活态度。我在觉得不如意的时候，一想到她总是能让我静下心来继续努力。能遇到这么优秀的学妹我感到很幸运，她像一个小太阳一样温暖着、鼓舞着周围的所有人。

若男虽然历经坎坷，却自强不息，在政府和社会的帮助下她在读书学习的路上一步都没落下，也许这就是中国教育的成功之处吧。资助政策助人成长，滴水之恩当涌泉相报。我相信若男将来一定会以她的实际行动来回报社会！

作者简介

李慧敏，湖南大学工商管理学院 2017 级电子商务专业本科生，获得国家生源地助学贷款、国家助学金等资助。

铭记恩情， 成就梦想

曹　煜

每个人的梦都不相同，或平凡，或伟大，但都在为实现它而奋斗着，努力着。这个梦想，犹如一颗种子，被埋在土中，春天到了，它慢慢地萌芽、生长，然后破土而出，迎接那温暖的太阳。我就像那颗种子一样也需要那"太阳光"。因为有梦，便只顾风雨兼程，我和我的梦想一同行走在路上。

2019年的春天，经过一整天的测试，我从200名来自全国各个中学的足球特长生中脱颖而出，得到湖南大学高水平运动员的录取资格。同年七月我带着自己的行李和梦想来到了我梦寐以求的大学——湖南大学。从小县城到繁华的大都市，都市的繁华和美丽的校园，让我对这个地方充满了向往，同时，也激励着自己要不断努力，为自己创造一个美好的未来。

在一年的大学时光里，我在班级中担任了班长，在院学生会担任体育部干事，贡献着自己的一份力量，为班级和学院服务；作为一名高水平运动员，在学校的新生杯和湖南省超级联赛中分别代表院队和校队参加比赛，为学院和学校争夺荣誉；同时作为新闻专业的学生，我也在校园媒体中找到了一份兼职工作提升自己的专业能力。

在这一年的忙碌中，我逐渐适应了大学生活。大二开始不久，家里传来了噩耗，家中的顶梁柱父亲不幸遭遇车祸，粉碎性骨折，脑部受到了一定的冲击。这一消息让我不禁为之震颤，同时经济上的压力也开始暴露出来。我们家在小县城里并不富裕，且父母早年经商失败欠下不少外债。靠着父母务工的工资，我才能够坚持我的足球之路，并考入大学。上了大学以后，我在生活上勤俭节约，但父亲的意外受伤使得母亲肩膀上的担子更加沉重。而我也不禁问自己，接下来的大学我该怎么过呢？我该怎么为家里减轻负担呢？做兼职打工？这些是否会影响我的学习和训练呢？我能做些什么？这些问题不止一次在我脑海里闪现，每天晚上睡觉前，眼前就会浮现父亲躺在病床上的样子，我突然感到了前所未有的迷茫，我该怎么做？

百般无奈下我找到了学院的老师，老师耐心地向我介绍了针对大学生家中遭遇重大意外事件的国家补贴，并对我进行心理疏导。在国家政策的帮扶下，我的经济压力得到了一定的缓解，同时我也凭着自己足球方面的特长，在校外找到了一份足球教练的兼职。

"恩情"，一个让人倍感温馨的词语，当我们身处困境时，当我们在黑暗中迷茫时，一双温柔的手，拉我们挣脱牢笼；一盏明亮的灯，为我们驱除黑暗，国家为遭受重大意外事件的学生给予补助，助力成长，让我有机会实现我的梦想。我想我一定不能忘记国家对我的恩情，要努力学习，将来报效祖国，为社会做出自己的贡献。

每个人都有自己的梦想，在追梦的过程中，我们要经历风雨，要经历荆棘，要经历泥泞，追梦的路是艰难的，追梦的过程是漫长的。

在追梦的路上，我有太多人需要感恩，父母、老师、同学。当然更要感谢我们的党，我们的国家。以前我们经常唱，没有共产党就没有新中国，现在我们要唱，没有新中国就没有新一代的我们。我还很弱小，现在唯一能做的就是不断地提高自己的能力，多学习知识，争取做一个"四有青年"。我们要不断地感恩，感谢国家的好政策，感谢国家对我们的帮助，感谢那些给予我们帮助却不求回报的人。这将是我追梦路上的一盏明灯，不断地指引我前进。

让我们用自己的行动去奋斗，去拼搏，让我们追求自己的梦想，创造属于我们的辉煌，完成我们共同的梦想——中国梦，共同迎接祖国美好的明天，让我们一起追梦在路上。

作者简介

曹煜，湖南大学新闻与传播学院 2019 级新闻传播学专业本科生，获得国家助学金等资助。曾获湖南大学 2019 年新生杯足球比赛团体第一名、2020 年湖南省青少年校园足球大学生联赛团体第六名。

悄递细香聊赠春

陈能梅

我循着清香，看见一场盛大的花事正在酝酿，桃花露了头，草叶冒了尖，最动人的情在眼里不说，最想说的话在心里不吐，而于无声处，更为撼动人心。

——题记

助学于家，点燃了希望之灯。

每一粒熬过冬天的种子，都有一个关于春天的梦想。我来自云南的偏远山村。至于偏远到什么程度呢，它就挤在两个国家级贫困县曲靖市会泽县与昭通市鲁甸县的狭缝中，牛栏江（汇入金沙江的一条支流）算是两县大致的分界线。家乡民风淳朴，但人们的话题永远逃不开柴米油盐酱醋茶。村里有力气的基本都进城务工了，留守儿童与留守老人互相照拂。正是有了国家的助学政策，我们才可以坐在窗明几净的教室里学习，继续追寻自己的梦想。

铸人于校，滋养了精神之树。

我对高考完的那个暑假仍然记忆犹新，充满期待却又局促不安，作为我们村里为数不多的大学生，我身上背负着他们的期盼与祝福。接到录取通知书时，我发现它并不像我所想象的那样仅是薄薄的一张录取通知书，而是"沉甸甸"的，里面有各种细节小物件，厚厚的新生手册里，详细的报名流程、待办手续也都一一列举出来，非常贴心。在新生手册中我看到了助学贷款的办理程序，虽然高中的老师早已和我们介绍过，但我还是详细地阅读了一遍，生怕遗漏了什么重要内容，因为学费和住宿费对我们家来说确实是一笔不菲的费用。老师们在帮助我办理国家助学贷款时细致的讲解，语重心长的教海，给了我莫大的勇气和鼓励。

鱼知水恩，羊羔跪乳。父母掌上的厚茧、额上的细纹、鬓角的银丝见证了我每一步的成长。辅导员老师生活中温言细语、无微不至的关怀，老师们的答疑解惑都滋养着我的成长。未来我会按时偿还贷款，去帮助那些需要帮助的人，让无私大爱继续传承下去。我也希望每个走出岳麓山的湖大人，怀着改变生活的热忱，身上还带着湖大的印记，去往天南海北，去到世界的每个角落，万物皆有缝隙，那是光照进来的地方，那束光，要一直亮。

筑梦于国，温润了信仰之由。

博观约取，厚积薄发。成长，意味着担当与责任、独立与自由，意味着要敢于追赶时代浪潮但又不甘于随波逐流。初入大学的局促和不安，高数力学的枯燥和乏味都成了挑战，希望与失望交织，勇气与迷茫并存。但我懂得，没有一次努力会白费，没有一声叹息会不留下回响，只要每天让自己进步一点点，就一定能在努力的枯燥与隐忍中实现目标。大一刚入学时我觉得自己很强，但是同学们给我上了一课，课业很难，我一次次地否定自己；到了大二，我发现自己没有了之前那种悲观的情绪，会更理性、更客观地评价自己，大概这就是成长吧。我明白了万事万物并没有恒长，但人要有梦想、有初心，贫困并不可怕，可怕的是自暴自弃和精神的荒芜。奋斗可以战胜一切，何况你并不是孤军奋战。

寒冬肃穆，万物蛰伏，却总有一股暖意涌动。一花一叶不是春，百花齐放春满园，正是这聚沙成塔、集腋成裘的积攒才使得春色扑面而来，来得悄无声息，却也浩气荡然。

——后记

作者简介

陈能梅，湖南大学材料科学与工程学院 2019 级材料科学与工程专业本科生，获得国家二等助学金、学费减免等资助。

奋斗青春

陈 潇

小时候，与其他小孩子不一样，我没有去玩玩具，而是每天拿着我的画笔画画。每天醒来，陪伴我的或是一只可爱的小黄鸭，或是直挺挺的稻草人，抑或是一条游走的金鱼……每天入睡时，浮现在脑海中的是七彩的颜料盘，于是我便随着七彩的方格进入了美妙的梦乡。我爱画画，我把画画与生命等同。

班会课上，老师充满期待地问小孩子们：长大后，你们的梦想是什么？有人梦想当科学家，有人梦想当宇航员，抑或是舞蹈家。而我，虽然酷爱画画，但是我并不期待成为一名画家，我只希望在多年后，我还能一如既往地热爱画画，坚持画画，并在画画中找到快乐所在。

以前，画笔只是一支简单的铅笔，一支笔可以陪伴我很长时间，但是每次我都害怕一支新的画笔的到来……后来，随着画画水平的提高，我逐渐发现，画画不再是那么简单的事情，它需要更高级的工具，而这意味着，将要花更大的价钱来购买它，以此来充实优化我的画作。

路过橱窗，橱柜中陈列着形形色色的绘画工具，透过它们，我仿佛能看见当我的画作用它们来着色时，画面变得鲜活起来的那种场景。每当脑海中有这种想法的时候，我都千万次地告诉自己：我不需要，我不需要这些工具也能够画得很好。

随着时间的推移，学业负担的加重，加之买学习资料需要的钱越来越多，很多好的绘画工具我更加不再可能拥有。我多么奢望能拥有一套完美的绘画工具，让我脑袋里奇妙的想法能够跃然于纸上。就这样，日子一天天过去。

"在这个世界上，总会被别人爱着，被社会爱着，被国家爱着，被爱爱着。"

进入大学，我重拾了画画的梦想。这一次，选择了建筑专业的我，每天虽然辛苦，但是却心怀热爱；虽然也曾迷惘，但是总揣着一种力量。从线稿、纸稿到成品，孤独的我有画画陪伴，每一次都让我想起了童年时候的我，那个伴着七彩格子入睡的我，那个热爱画画、忠于画画的我。

在大学，每一个奋战的夜晚都是不平凡的夜晚。凌晨一点的时候，寝室里灯火通明，挑灯夜战；凌晨两点的时候，强忍着瞌睡，紧握手中的画笔；凌晨三点的时候，尽管辛苦、疲惫、劳累占据了我生活中的一大部分，但是我不后悔并且很珍惜自己的选择和自己所拥有的生活。因为这一次，我能够重拾小时候的梦想；这一次，我能够买上画画的专用工具；这一次，我踏入了建筑学院的门槛。

而这，都与国家助学活动密不可分，它成就了我，我被国家、被社会默默爱着。在大学学习生活中，我勤奋努力地学习，把心思都投入在学习中。日常生活恪守节俭，国家助学金也给了我莫大的帮助。我非常感激国家对于青年学子的关爱，这种关爱让人在学习生活中充满了对生活的期待与奋斗的动力。

"远看山有色，近听水无声。春去花还在，人来鸟不惊。"多年后，跻身于画画的行列中，我希望看到自己能达到这种境界，成为绘画界的巨人。当然，也希望成为一位合格的建筑师，能够为国家现代化建设贡献自己的一份力量。

每当一件一件建筑绘画作品摆在我面前的时候，骄傲之情总会涌上心头，如烈酒，如歌。它告诉我，我可以，我能行，我不平凡。它告诉我，努力的背后，是无悔当初，是无悔梦想。

我深信，爱，总可以化身成为一种力量。力量，总会成就一个人。

作者简介

陈潇，湖南大学建筑学院 2017 级建筑学专业本科生，获得国家奖学金、国家励志奖学金等资助。

以梦为马，不负韶华

柴美灵

"嘟……嘟……"

"喂？是灵儿呀，怎么突然想起来给奶奶打电话啦？"

"奶奶，我想告诉您一个好消息，我拿到国家励志奖学金啦！"

"哎哟我的乖孙真棒，给家里争光啦！拿到奖学金后不要骄傲，要继续努力……"听着电话那头奶奶充满喜悦的话语声，我一瞬间思绪万千。

我出生于湖南一个贫困县的偏远小山村，因为家庭经济条件较差，所以从小就很自卑敏感。唯一能让我感到自豪的，就是我的好成绩，所以我一直鼓足了劲儿努力学习，不允许自己落后于他人。我是独生女，爷爷奶奶身体不好，父母离异，父亲文化程度只有小学水平，只能打些零工来维持家庭开销和提供我的学习费用。我曾有辍学出去打工来缓解家里的经济负担的想法，但是我知道，只有好好学习，以后才能找到好工作，才能真正改变家庭的现状，所以我选择了咬牙坚持。终于，功夫不负有心人，我考上了梦寐以求的大学——湖南大学。

来到大学以后，我满怀憧憬和喜悦，发誓要好好努力，把握好大学的每一分每一秒。我参加了学生会的面试并顺利通过，成为文艺部的一名干事，组织并参加了多项活动。一只曾经仅仅埋头于书本的小鸟，开始抬头展望外面的世界，努力学习各项技能，渐渐丰满自己的羽翼，只求未来能成为一只展翅翱翔的雄鹰。

可是再坚强的人也会有迷茫脆弱的时候。大一第一学期结束后，我回到了离开了半年的家，眼前瘦骨嶙峋的老人让我忍不住湿了眼眶。我抚摸着爷爷奶奶瘦成皮包骨的手，心疼地说："不是答应了我不干农活好好休息的吗？怎么才半年就瘦了这么多……"说着说着忍不住哽咽了起来，又懊恼于自己的无能为力，才让爷爷奶奶年过花甲还要去山上干农活，只为了那点微薄的收入。于是我下定决心，在学习之余找一份兼职，尽可能给家里减轻负担。就这样，我的大学生活变得更加忙碌了，我开始每天在做好当天的功课后去找兼职赚钱，也第一次真正感受到知识的重要性。其实看着室友看剧打游戏，我却得学习做兼职，我也时常会感觉到疲惫。想过放弃，可是一想到爷爷奶奶日渐消瘦的身体，爸爸开始渐渐花白的头发，我想要给他们一个安稳幸福的晚年生活，我知道我得坚持下去。

越努力越幸运，我始终坚信，现在的付出，总会在未来的某一天结出甜美的果实。我拿到了大学生涯中的第一笔国家励志奖学金！这对于我而言，无疑是行走于沙漠中饥渴难耐时找到的一片绿洲；是漂流在茫茫大海中孤单无助时看到的一处港湾；是暴晒于烈日下汗流浃背时邂逅的一缕清风。我意识到原来我从来都不是一个人，以前有过的孤独感瞬间消失，我看了看旁边的室友，她们有的在开开心心地刷剧，有的在刻苦学习。我想起来我遇到困难时同学和老师伸出的双手；我想起来亲人时常担心我在学校吃不饱穿不暖，叮嘱我在好好学习的同时别忘了休息；我想起来还有社会上的无数爱心人士在无私奉献着，资助着一个又一个贫困学生，给他们送去温暖；我想起来我最敬爱的祖国母亲，那是我最坚实的后盾，她一直在默默地守护着我，给我一个安稳的学习环境，让我能快速地成长起来。

追梦之路，从不孤单；心怀感恩，立志成才。拿到这笔奖学金时，我的内心感受到的不仅仅是喜悦和自豪，还有感恩和责任。这是国家对我的鼓励，更是一份信任。我将更加努力学习各项技能，做好自己的本职工作，同时不忘参加各项活动，也为他人奉献自己的一份绵薄之力，争取成为一个全面发展的综合型人才，以期将来能报效祖国报效社会。我将不负初心、牢记使命，将这份温暖传递下去，我希望将来我也能够有能力帮助跟我一样被贫困所困扰的学子，让梦想开花，让希望结果。

"灵儿呀，你在学校要记得多穿点衣服，别感冒了，奶奶在家里一切都好，你别挂心……"奶奶一如往日的唠叨将我拉回了现实，即使已经听过了无数遍，我还是觉得很暖心，我笑着跟奶奶唠家常，分享着生活的点点滴滴。

阳光透过窗棂照射在女孩带笑的脸上，似乎有什么东西在悄然绽放。这个冬天的阳光，真暖。

作者简介

柴美灵，湖南大学化学化工学院 2019 级化学类专业本科生，获得国家励志奖学金资助，曾参与过公益战疫视频的制作，并获得了校级 Bb 视频类微电影广告二等奖、湖南大学第十九届心理健康节音乐类三等奖。

泥土中孕育向上的力量

李珊珊

出淤泥而不染，志高远而骛骛。

——题记

"春耕夏耘，秋收冬藏"，这是自然规律，更是农家人赖以生存的法则；"面朝黄土背朝天"是他们的工作常态，"力尽不知热，但惜夏日长"更是丰收季节农民抢收的真实写照。而出生在农村家庭的我，正是这耕作轮回的目睹者和经历者。从小就跟着父母在田间地头劳作，我已然成为一名田埂流浪者。虽然身居大山里，与泥土作伴，但我的心却始终渴望着外面的世界，憧憬着未来。

虽彷徨，亦前行

时间倒流，电影倒带回放到我刚刚进入高中时。那时的我以县第一名的成绩考入了市重点高中，满心欢喜的我，踏入了崭新的学校，迎接人生的新起点。但现实却总喜欢给人当头一棒。开学初的一段时间里，我由于自身基础薄弱，跟不上老师的教学进度，和班上同学的差距一下子就拉开了。对此，我感到十分苦恼，之前班级排名靠前的我，上了高中之后却成了班级倒数。班上有的人会跳舞，会唱歌，会弹琴，会编程……而我什么都不会，每每与他们交流，我都感到无比自卑。我开始埋怨父母，埋怨自己：为什么我出生在这样一个家庭？为什么我没有得到更好的资源？为什么我的条件比别人差？渐渐地，我开始自我否定，无数个黑夜，我与星辰对话，默默流泪。我看不到光，我的世界充满了黑暗。这时耳边传来了临走时母亲的叮嘱："孩子，一定要好好读书，你可是我们的希望啊！"此时，不安的心突然像一个熟睡的孩子般安静，脑中所有"拉扯"的想法都仿佛商量好似的，朝着一个方向：加油！好好学习，你可以的！

于是，无论是课间休息，还是睡觉前、吃饭时，我总是将知识手册随身携带，在学校集会开始前记忆、背诵。因为学习基础薄弱，我不得不付出比同龄人百倍的努力去追赶。"天道酬勤"，慢慢地，我的学习成绩提高了，我也变得自信起来，慢慢开始与同学交流，与他们讨论问题。那时的我，对于未来并没有清晰的认识，也并不知道心中的远方，自己能否到达。但相信自己行，就会生出双翼；负重前行，丰满羽翼。

因有爱，路有光

时针回调至 2020 年 5 月 28 日，高考第二次模考刚刚结束。回到宿舍，我准备给母亲打个电话，交流一下最近的学习情况。拨通电话，明显感到接电话时电话那头的慌乱："孩子，你一定要好好学习，不用想别的，钱的问题我们会解决的。"从小就敏感的我，感觉到事情的不妙，忙追问母亲。母亲带着哭腔告诉我父亲发生了车祸，现在在重症监护室。我懵了，瞬间感觉天塌了。当时的我，正面临着高考带来的巨大压力，听到这个噩耗的我，感觉仿佛老天跟我开了一个玩笑。就要走到十字路口的我，又被困住了。

正如作家七堇年所言:"我一直觉得生活最卑微处,不是现状如何黯淡,而是看不到未来。"但没过几天,学校资助办的老师就找到我,了解了我的家庭情况后,帮我联系了资助方。之后我在学校的联系下成功地与资助方见面。在与他们的谈话中,我很感动,感受到他们炙热的爱心以及无微不至的关怀。"没事的,安心学习,有什么困难就跟我们说,我们会尽我们所能地帮助你,为你保驾护航。"是他们宽慰的话语、鼓励的眼神、及时的援助给了我希望,让我看到了未来,重拾走下去的信心。

爱就像一道光,照亮前行的路;

爱就像一把火,温暖寒冷的我。

若问我星辰在哪?我会说有爱的地方就有星辰。

怀感恩,思奉献

如今考上湖南大学的我,开启了人生的新征程。随之而来的,还有数不尽的温暖。无论是开学时的新生大礼包,还是学校每个月定期发放的生活补助费,从生源地贷款,到冬衣补助,所有的帮助,都让我感恩于心。同时我也在尽我所能地化感恩于行。"滴水之恩,当涌泉相报",更何况是涌泉之恩呢?参加志愿者活动、公益活动,传播正能量,传递温暖。我知道我的能力微弱,我的贡献也微不足道。但我希望能够通过我的奉献、我的付出换来更多、更爽朗的笑声,让我所到之处遍地花开,充满欢笑。

我庆幸我生活在这个时代,我感恩我出生在这个家庭。我不会埋怨父母不够好,家庭出身贫寒,因为父母已经努力地做到给我他们所能给的最好的。《追风筝的人》里写道:"我望着清晨灰蒙蒙的天空,为空气感恩,为光芒感恩,为仍活着感恩。"我们应该感恩赋予我们生命的父母,没有他们就不会有现在的我们。我们应该感恩我们的政府,让我们能够享受如此到位的政策优惠，扫除我们求学路上的障碍。同时，我们生活在最好的时代，时代的鼓声已经敲响，星辰大海在向我们招手。世界上从来没有出身贫寒与出身贵族的定锤，只有奋发向上的人和拘泥现状的人之别。作为新时代青年的我们应该立鸿鹄之志，展吾辈风华。

我生长的地方，是农村。那里很质朴。我正如那田地里的一颗种子，在泥土中孕育向上的力量。"不赶什么浪潮，也不搭什么船，我自己有海。"有少年般潇洒恣意的嚣张，有对未来璀璨如白昼的热爱，更有无数的温暖相伴。

梦的彼方，黑夜前方，去闯，

路的尽头，温暖那头，去爱。

裙摆在风中飞扬，不闪耀，不退场。

歌未央，舞霓裳。

作者简介

李珊珊，湖南大学工商管理学院 2020 级会计学专业本科生，获得工商管理学院华珠奖助学金资助。

唯有自强， 方能不息

丁 涣

有这样一个人，大学期间他全面发展，学习努力，工作认真，从小学起连续 14 年担任班长，致力于班级建设。积极参与学生组织和志愿者活动，接连获得校级优秀团员、校级优秀学生干部等荣誉，带领班级获得"校优秀班级"荣誉……

在许多人眼里，他是年级的佼佼者，是大家所谓的"别人家的孩子"，有着与生俱来的天赋加持。

可殊不知，此与生俱来并非彼与生俱来。光鲜亮丽的背后，是低到尘埃的贫穷，是发自肺腑的自强，是心之所向而不息！

自强奋斗

一路走来，披荆斩棘。走过之后，如今，心中充满骄傲与自豪。

我出生于一个朴素的农民家庭，一幢小小木房，两大家子，九个人。之所以说"朴素"，是因为已经没有比这更委婉的说法了。

从小因为家庭贫困，父母便外出打工。不知道你是否能想象：留守儿童对父母的思念像流水，滔滔不绝；读书的同时还要帮着摆地摊做生意的叔叔打下手，忙东忙西；冬天，别人坐车，我只能花上近一个小时背着书包，提着小火炉上学……这些我们似乎只能从上一辈人口中听到的故事，却在我身上一次次上演。

尽管如此，我却始终记得父母在电话那头说的一句话：知识改变命运！我把思念化为学习的动力，我把"打下手"当成培养表达能力的契机，我把上学时的风尘仆仆当成人生独立的奠基石……

就这样，秉持一颗坚强刚毅的心，我从不敢懈怠，最终以全乡第一名的成绩考入县重点初中。

新生开学报到的情景我至今记忆犹新。来到大县城，12岁的我，一个人拖着一个小箱子开始报名、购置物资……校园里，人头攒动，衣着靓丽，无数张陌生面孔在我眼前晃来晃去，耳朵里不断传来"欢迎各位新生前来报到"的广播声。我一个人站在教学楼的前坪，胆怯地不敢轻举妄动。呼啸的风、乌黑的云把本该是阳光灿烂的日子涂抹得那么黑、那么暗。

置身于陌生的人海之中，我内心害怕极了，却又无可奈何。面对眼前的热闹，我最终还是冷静了下来，疯狂扫视着人潮中的大人，直到将目光聚焦到了维持秩序的老师身上。我拖着行李，战战兢兢走到老师旁边："老师，我，我是来报名的学生，第一次到这么大的地方来，不知道去哪里报到……"

初中三年道阻且跻，一路过五关斩六将，从年级一百多名进到年级前五十，最终成为年级前十。

就这样，秉持一颗积极进取的心，我一直奋发苦读，最终以全县第35名的成绩考入市重点高中。

这次，只身前往大城市求学，更广阔的天地也意味着更高昂的费用。再加上同年姐姐也考入大学，一下子各项费用剧增。正当全家人焦头烂额之际，学校伸出了援助之手，不仅减免了部分学费，还将国家助学金的名额给了我。有时候觉得：这世上真正让人心暖的莫过于雪中送炭吧。

身处高手云集的地方，我积极抓住每一个机会展现最好的自己。三年里，我依旧成功竞选到了班长，加入学生会，成为学生会副主席，加入校团委成为团委副书记。在这些岁月里，有过带领班级登上第一的成功，也有过多次登不上三尺讲台的失败；有过将学生会管理得秩序井然的累累硕果，也有过面临内部矛盾并发的混乱不堪；经历过登上主席台发言的峥嵘时光，也经历过坐在观众席上的默默无闻……这些大起大落，像一块块记忆的碎片在脑海中不断地闪现，并提醒我、鞭策我：成功过可以再成功，失败过仍能重整旗鼓。

最终，我凭着自己出色的工作与学习能力，获得了湖南省级优秀学生干部的荣誉称号。

正当我觉得一切都那么顺顺利利，终于要实现心中的梦想，进入梦寐以求的湖南大学时，却由于种种原因，2018年高考失利、榜上无名。一天之内，伤心、悔恨、愤慨、不甘、冷静、坚定！放弃填高考志愿，断了自己的后路，再战！

就这样，复读生涯时我顶着巨大压力，潜心修行。这一年，紧张程度堪比"刺激战场"，惊险程度更是远甚高三，无时无刻不在担心着自己的排名，像夹缝中的蚂蚁，冲出去则一鸣惊人，跌下去则艰难求生。

日日夜夜的学习令人心生疲惫，但好在收获知识的喜悦能够振奋人心。一年的修行，各方面能力更进一步。少了一份自卑，多了一份自信；少了一份傲气，多了一份虚心；少了一份浮躁，多了一份沉稳……

好在"皇天不负有心人"，曾经在心底种下的种子终于在2019年的夏天破土发芽，茁壮成长。

梦想不息

这一路上，我曾受到过个人、企业、政府的资助。现在想来，若不是他人一次次的慷慨解囊，我也就不会走出农村实现第一次蜕变，也不会前往大城市求学扩展视野，更不会在如今的大学里不忘初心砥砺前行……

进入大学，也时而感慨：强中自有强中手，一山更比一山高。大学里，优异的成绩不再是衡量一个人成功的唯一标准。大家各有追求，梦想齐放。

从小的经历让我明白：经济基础决定上层建筑。一个人应要自强不息地奋斗，为自己和社会创造财富，打好经济基础。然后，再进一步解决精神层面的需求，在奉献中实现人生价值！

大学期间，我当然不敢懈怠，学习与工作齐头并进。就为有朝一日，能为自己家乡的经济和教育贡献一份自己的力量，让更多大山里的孩子能像我一样有机会走出去，去看看外面更大的世界，去丰富生活，去体验人生！

最后，我深知：革命尚未成功，君子还需努力。唯有自强，方能不息！

作者简介

丁涣，湖南大学化学化工学院 2019 级理科试验班本科生，获得国家助学金、"天健奖（助）学金"、国家励志奖学金等资助，曾获 2019 年湖南大学军训标兵、2019—2020 年度湖南大学优秀团员、优秀学生干部等多项荣誉。

旧忆与征途

徐涟冬

前 夜

2004 年 4 月 24 日凌晨 1 点，湖南涟源。

乡村里的夜静谧无声，稀疏的星粒沉沉地散落在漆黑的夜幕上，黯淡无光，银月被厚重的乌云盖得严严实实，昏昏沉沉的光晕让人心生不安。窗外斑驳的剪影张牙舞爪，阴风阵阵，其间还夹杂着不绝的啼哭声。

老屋里昏暗的灯光亮起，一位母亲慌张起身安抚正在啼哭的才几个月大的婴儿，母亲身边还睡有一个不到三岁的孩童，高烧、哭闹、不安、惶恐……刹那间，房间仿佛被笼罩了一层阴影。

凌晨，哭闹的孩子们缓缓睡去，可这位母亲却迟迟无法入睡。

2004 年 4 月 24 日凌晨 4 点，广东珠海。

经过一整天的忙碌，喧闹的城市终于归于平静，但，与乡村比，还是略显吵闹。

路口处，一阵嘈杂。路旁的树叶窸窸窣窣，昏暗的路灯摇摇晃晃。打砸声、脚步声、跑步声、追赶声、扭打声……"砰!"黑暗中，一个身影应声倒下，鲜血满地。

紧接着，刺耳的救护车警报声吵醒了沉睡的城市，绵延一路，经久不消。

梦　碎

　　2004年4月24日清晨，湖南涟源。

　　一个电话打来，吵醒了刚睡着的母亲。电话那边的声音急促而慌乱，但是刚刚经历一夜不安的母亲还有些迷糊。"歹徒""敲击""鲜血"……一个个残忍的字眼从电话那头传来，她只剩下满脑的空白与糨糊，一时间丧失了思考力，颤抖的左手紧握着那部旧手机，任由身体瘫软在床。

　　电话那边的"汇报"还在继续，可是这边，除了沉默就只剩下焦急，这位母亲焦急地等待着最后的答案。

　　"……抢救无效！……"

　　这四个大字如晴天霹雳，更如一把锋利的匕首狠狠地刺入她的心头，留下不可磨灭的伤疤。此刻，这位母亲的脸上是什么样的表情呢？苍白？绝望？我无法描述。

　　那日，梦碎了。

葬　礼

　　几天后，广东珠海。

　　男人的葬礼如期举行。灵堂上，悲歌四起，哀乐催人，黑白相间的帷布随风摇荡。除了家人，到场的还有男人公司的同事和领导，黑压压的人群中充斥着低沉的呜咽声。"沉痛悼念徐元庆同志"，压抑、肃穆的氛围如同一块巨石压在每一个人的心头上，让人窒息。

花团锦簇之间，放着一具水晶棺，棺中，静静地躺着一个男人，双目紧闭，没有一丝想要醒来的意愿，他好像睡着了，是吗？是的，他睡着了，永远地睡着了。

那个男人走了，因为那一晚的"骚乱"，因为职业的诉求，因为正义的需要。

女人"站"在人群的前列，与其说那是一个站着的人，倒不如将其形容为一具失去灵魂的躯壳：脑袋低垂，目光呆滞，血丝布满眼球，凌乱的发丝间夹杂着新生的白发。摇晃的身躯没有一点自主的支撑力，仿佛叫人轻轻一碰就会瞬间瘫倒在地。没有撕心裂肺的哭喊，也没有无止境的啜泣，只是静静地"站"着，悲伤和绝望几乎要将她吞噬。

荣 誉

2013 年暑假的某天上午，广东梅州。

蜿蜒的乡村公路上，白色的面包车疾驰而过。

"今天是你带她们第一次过来，对吧？一个人也真是挺不容易啊……"

"对，孩子们也长大了，总该面对的。"女人憔悴的脸上挤出一丝笑容。

到达目的地，车停了。这是一个修建在山坡上的烈士陵园，背靠山林，面向西河，白色大理石砌成的不大不小的广场，安静庄严，萧萧竹林，潺潺河水，祥和静谧，却满载着一个家庭的故事。高耸的纪念碑上刻着几个大字——永垂不朽，金色的涂料把大字装裹，在阳光下显得格外亮眼。

成　长

2019 年 6 月 7 日，湖南娄底。

丁零零——"考试开始！"

笔纸摩擦着发出细细的沙沙声，淡淡的墨香萦绕在考场上，配合着考生们时而紧蹙时而舒缓的眉头，满是和谐而又紧绷的氛围。时而翻纸的声响在静谧的空气中荡起涟漪，划破了这个氛围，打破了这个节奏，却又在笔尖的忙碌下恢复常态。窗外，浓厚的乌云步步紧逼，似乎要将整栋教学楼吞下，密密麻麻的雨点敲打在玻璃窗上，湿热透过窗户翻滚进考场，连带着一丝丝粽香。

女孩全神贯注地盯着桌上的试卷，手下奋笔疾书。回想过去的三年时光，一幕幕回忆像默片一般闪过脑海。

还记得，刚入高中的她也曾为学费苦恼，也曾为家里的困境感到无奈。但幸运的是，她刚上高中，学校就开展了助学活动，经过了一系列的手续和流程，她被纳入了助学体系，成为学校的助学对象。学校主持助学工作的老师曾经这样说道："我们坚决不能让任何一位同学因为贫困而失去学习的机会。"

因为这样的助学扶贫政策，经济困难得以改善，她有了和其他许多同学一样提升自我的机会，有了更加安心的学习环境，更有了自信地坐在高考考场上的今天。

丁零零——"考试结束！"

女孩带着轻松与喜悦走出考场。粽香阵阵，阳光明媚，在雨过天晴的日子里，一切都焕然一新。

征　途

2019 年 7 月，湖南娄底。

"你好，你的录取通知书到了，麻烦来拿一下！"

回到家，女孩迫不及待地将信封拆开，鲜红的录取通知书映入眼帘："徐涟冬同学：……你已被录取到湖南大学……"附寄的还有湖大宣传册。

蝉鸣盛夏，微风吹拂，鲜花摇曳，书桌上宣传册上的"助学政策"几个字熠熠生辉。

也许，旧忆的伤疤无法磨灭，但，未来可期，征途无限！

作者简介

徐涟冬，湖南大学经济与贸易学院 2019 级经济学专业本科生，获得国家助学金、学费减免、"丰田"助学金等资助。

挫折给他的成功

胡利杨

　　他是湖南大学数学学院数学专业 1704 班的一名学生。在他看来，大学一年的学习和生活将会成为他未来人生中不可遗忘的一笔。在这一年中，他体会到了学习成功带来的成就，生活不幸带来的打击，同时，也帮助他享受到成长后的喜悦。

初入大学，激情澎湃

　　对于他来说，大学校园是他一直向往的圣地，也是他一直努力奋斗的目标。因此，他格外地珍惜大学的每分每秒，不想让自己过着浑浑噩噩的日子，他希望变得如同他们新生助理一般优秀。于是他开始为自己制定一些小计划，备考英语四六级。大一刚刚开始，他就着手准备英语四级考试，每天安排一定时间用来背诵英语单词。他知道自己的英语口语较差，于是就报名参加了英语口语社团，同社团中的其他同学一起进行早读。人们常说一个好的习惯将会让你受益匪浅。在 2017 年 12 月全国大学生英语四级考试中他表现良好，最终以总分 550 分的成绩顺利通过英语四级考试。

浅尝专业，勤以致知

他始终牢记一名学生在大学期间最基本的任务是学习，也始终把学好专业课作为自己的目标，从不敢懈怠。他按时上课，不迟到，不早退，课前能够做到好好预习，课堂上认真做笔记，积极回答老师的问题；课后，他几乎将自己所有的时间都用在自习室，完成老师布置的作业之余，他还会看一些课外的教材，以拓宽自己的知识面以及了解学习方法的多样性。利用寒假的时间，他自学了大一下学期的专业课程。利用暑假的时间，他完成了数学竞赛的培训，并最终获得代表学院参加第十届全国大学生数学竞赛（数学类）的资格。正是在他自己如此勤奋刻苦的付出下，他大一上下学期的专业学习成绩排名全年级第二，大一学年综合测评成绩排名第二，荣获 2017—2018 年度国家奖学金、校级三好学生、全国大学生数学竞赛（数学类）三等奖。后来，他又一次性通过英语六级考试，并通过了计算机二级的考试。也正因为如此，他成为别人口中的学霸。但是在他自己看来，自己和他人并没有什么很大的差别，只要大家和他一样多付出时间在学习上，也必定可以提高成绩。

生活苦难，接踵而至

从他的身上，你或许只看到了一个积极向上、阳光开朗的男孩子形象。别人也许羡慕他在学习方面取得的成功，却殊不知他背后经历了你难以想象的痛苦。在 2017 年的 9 月 1 日，这是他入学报到的第一天，原本应该是多么开心的一天，可噩耗却从家里传来，他的母亲因为抑郁症而离开人世。你无法想象这样一件事情对于他的家人以及他造成了多大的打击。可是即便遭遇如此打击，他也并没有自暴自弃，依旧以一种乐观的态度去生活。因为在他看来，只有自己在学校好好用功学习，才不会辜负母亲对自己的期待；只有自己在学校生活顺利，才不会让家里人牵挂自己。他不希望自己的不开心让别人也感到不开心。在 2018 年初，厄运再一次降临。爷爷因为车祸离世，这让原本还沉浸在沉痛中的家庭再一次受到打击。接二连三的亲人的离世，给了他巨大的打击。但是他并没有被打败，恰恰相反，经历的这些让他更加渴望成长成材，能够去帮助那些有困难的人。

赠人玫瑰，手有余香

作为一名大学生，他积极参加各项志愿者活动。其中包括多次参加园区组织的文明引导岗活动，并在 2018 年的 6 月被评为校级"优秀志愿者"；2018 年 5 月，参加数学学院志愿者部门组织的燃烛活动，给偏远地区的孩子带去知识和欢乐；加入地铁志愿者行列，为过往的行人提供帮助；作为迎新志愿者，给学弟学妹们提供帮助并引导他们顺利报名。在他看来，他人渴望的眼神，由衷的感谢，都是对于志愿者们的肯定，让他深深地感受到帮助他人的意义以及自我获得的成就感。平时，在他学习进步的同时，也不忘积极帮助带动其余的同学。临近考试，他为同学们圈划重点，给同学们指出复习的方向。

贡献自己，服务年级

在大一一年的时间里，他任职于权益心理中心，从一个不太爱与他人交际的男孩子，到现在成为一个可以带给他人快乐的大学生。在任职期间，他兢兢业业，认认真真对待自己的工作，态度端正，为部门贡献自己的力量。他曾为同学们举办 5 · 25 心理健康节，让他们意识到并重视自我身心健康的养成。如今，他担任院公益岗负责人，做好与校公益岗工作的衔接，同时也策划属于自己院的公益活动，让更多的人加入公益活动这个行列。

在这一年中，他曾因为学习的吃力而迷茫过，但庆幸的是他及时找到了奋斗的方向；也因为学习的成功自豪过，但却始终保持着为人的谦逊；因为工作的繁忙埋怨过，但最后却将工作完美地完成；因为命运的不公愤恨过，但却一直与他人和睦相处着。在他看来："与其不开心地过一生，不如开开心心地过好眼下的每一天。"他知道，大一的一年已经过去了，其中的酸甜苦辣也已经成为回忆，接下来他要做的是把握自己的现在和未来，把握自己的年华，做最好的自己。

作者简介

胡利杨，湖南大学数学学院数学与应用数学专业 2017 级本科生，获得国家助学金、"洗心奖（助）学金"、国家奖学金、数学学院单科优秀奖学金等资助。在校期间连续三年获得国家奖学金，曾获湖南大学三好学生标兵、优秀心理干部、优秀团员、湖南大学数学学院学习类励志人物等荣誉称号。目前已被中国科学院大学录取。

助学中筑梦，受助中传承

廖秀丽

我是一个农村单亲家庭的女孩，自幼跟随父亲和爷爷生活。家庭的变故让我从小就独立自强，比同龄人更加勤奋刻苦，乐观面对生活的挑战。成长求学过程中得到了国家和许多好心人的帮助，这使我心怀感恩，励志向上，努力学习，回报社会。

成长感恩篇

成长的过程中，我一直践行着孝道并满怀感恩之心。小时候母亲离家出走，父亲为生计外出打工，我跟随年迈的爷爷一起生活，爷爷虽然年纪大但是照顾起我来仍然是无微不至；父亲虽然一直在外辛苦打工，不能陪伴我左右，但也一直尽其所能地关爱着我，希望我能够健康快乐地成长。或许正是因为母爱的缺失，我更加能体会到父亲的辛苦，爷爷的不易，所以从小就特别懂事。在家里经常做一些家务活，七八岁就会自己洗衣服做饭，再大一点就会下地干农活。温暖的亲情，让我学会笑对生活的磨练与苦难，并时刻不忘善良的初心。

求学过程中，我很幸运得到了老师们的教导，他们不仅教会我知识，更让我养成了为人处事的良好态度和谦逊品质。我时刻不忘恩师教导，逢年过节都会给老师们发祝福，放假也常去探望老师。家庭的特殊经历也引起了政府和一些社会好心人的关注，村干部将我们家纳入低保，自 2016 年考上大学后又享受到精准扶贫政策，成为村里的重点帮扶照顾对象。很多善良的叔叔阿姨向我提供帮助，鼓励我努力学习，给予我温暖和关爱。怀着感恩之心的我接受了别人的爱，也想要传递这份爱。在大学里我也会积极参与社会和学校的各种志愿者活动，在每一次服务和奉献中发光发热。在 2020 年春季新冠肺炎疫情防控期间，我也担任了村里的物资采购志愿者，为村民们服务了一个多月的时间，并积极参与捐款，感恩于国家社会和他人对我的帮助，我也希望用爱与真诚，点亮他人的世界。

自立自强篇

如果说家庭的变故是上天对我出生后的第一重考验，那么后面的人生路也未尝不是坎坷与荆棘相伴。天有不测风云，2010 年父亲在工地干活时不慎从高处摔落，全身多处骨折，手臂重伤，险些丧命。当时的我正在读初一，幼小的心灵承受着巨大的打击，我独自承担起了照顾父亲住院做检查的重担，只盼望父亲能快点好起来。幸运的是，在医生的救治和我的悉心照顾下父亲渐渐康复，然而右手臂重伤再也无法负重，只能做一些简单的农活。我从此更加努力学习，更加懂事坚强，努力考上重点高中考上一本大学，想通过读书改变命运。

当一切都往好的方向发展时，厄运再次降临。2018 年 5 月，我正在读大二，父亲遭车祸病危住院，医生告知我，父亲脊髓神经受损导致高位截瘫，浑身失去知觉、全身麻木。后期要进行手术治疗，而住院费和高额的手术费对于我来说成了山一般的压力。我不分日夜照顾父亲，才让他从昏迷中脱离危险。因为父亲身体失去知觉不能动弹，我要每隔两个小时为他翻一次身以防止长疮，听着他痛苦的呻吟整晚无法入睡，还要给他喂饭喂水按摩身体。一边照顾他的同时，我还面临着学校繁多的学习课程，还要筹集住院费用和手术费用。幸得好心人帮忙在网上发起轻松筹救助，平时积累的善缘在困难时候得到了大家的慷慨解囊，帮助我们勉强支撑。

整个暑假的时间，我一边做着各类兼职一边在医院照顾父亲。我做过超市的服务员、家教老师，还在酷暑夏日到大街上发传单。在兼职的过程中，我更明白了生活的不易，更懂得感恩与珍惜。我决心要靠自己的努力承担起学费还有父亲的住院费与治疗费。虽然父亲的治疗恢复过程很艰难，非常人可以想象，但在我大半年的陪伴和努力下，终于看到了希望，父亲奇迹般地从躺在床上不能动弹到能坐轮椅再到终于可以自己下床走路吃饭。同龄人休息玩耍的时候，我总是独自守在父亲病床前，从不害怕苦与累，只能勇敢地去接受一切并坚强地不向生活低头。

逆风飞翔篇

出生成长于逆境，对农村女孩来说没有什么比读书更能够改变自己的命运，而求学之路上我时刻都能感受到这个国家和社会的温暖善意。我一路以优异的成绩考上重点高中、考上重点大学再到读研，每次成绩的取得都使父亲感到格外欣慰。当父亲微薄的收入无法支付我的大学学费时，国家助学金和助学贷款支撑起了我的大学梦；当亲人遭遇意外手术住院借钱无门时，精准扶贫政策帮助我们报销了90%的医药费；当回学校读书与在家照顾父亲、维持学业和生计难以两全时，又幸得残疾人补贴和农村低保给了父亲一份基本生活保障。这份强大的温暖与爱伴我在人生路上逆风前行。

大学于我的人生又是一个新起点，我一直感激自己能够拥有上大学的机会，让我成长为全新的自己。大学四年里我积极向上，乐于奉献，参与志愿活动一百多次，多次获得优秀志愿者荣誉称号；拼搏进取，刻苦努力，担任班级班长和团支书，专业成绩名列前茅，获得校级奖学金、国家励志奖学金各类校级奖项 30 多项，度过了忙碌充实的大学生涯。大四那年我顶着巨大的经济压力与学业压力犹豫再三决定考研，现在已经是湖南大学马克思主义学院的一名硕士研究生。

虽在异地求学，但我每周都会给父亲打电话关心他在家的身体和生活状况，得益于国家精准扶贫和低保政策的照顾，父亲依靠政府每月补贴在家能够维持基本生活。十月份时村里书记通知我，根据国家相关规定我们家已经达到脱贫标准，他将为我们摘掉贫困帽子并提高个人低保标准，同时为父亲申请了残疾人最高补贴，保障基本生活暂时没有问题，一句"脱贫不脱政策"的承诺让我有了继续安心读书的后盾和动力。我在学校也基本是吃食堂、坐免费校车以及享受每个月国家研究生助学金，通过老师推荐担任助管工作，通过勤工助学独立自强地负担着生活所需，现在又获得校友的励志助学金赞助，在湖大我感到非常温暖。

我也常常关心帮助同学和陌生人，积极参与志愿活动，尽己所能去帮助别人，始终保持仁爱之心、奉献之心和责任之心，在有需要我的地方传递一份爱。希望未来我能够成为一名思政工作者，传播马克思主义理论，为国家社会发展贡献自己的力量。

作者简介

廖秀丽，湖南大学马克思主义学院 2020 级马克思主义理论专业研究生，获得研究生新生助学金、白方礼励志助学金等资助。

筑梦青春， 不负韶华

赵 珑

萧伯纳曾经说过："在这个世界上取得成就的人，都努力去寻找他们想要的机会，如果找不到机会，他们便自己创造机会。"成长的路上虽然充满坎坷，梦想的途中虽然充满艰辛，但是正如"心之所向，素履以往"，我愿意以满腔的热血不断奋斗，只为了到达心中那理想的圣堂。

幼年的我不知生活的苦难与父母的辛苦，对金钱的概念更是懵懵懂懂，只知道小的时候父母总是早出晚归，将年幼的我交给外公外婆照顾。印象中的外公外婆都是勤劳质朴的老人，常常带着一双笑眯眯的眼，就连脸上的皱纹里也满是慈爱。人们总道"隔辈亲"，我的外公外婆也是如此，对待自己虽然极尽节俭，但对作为外孙女的我却从不吝啬。可年幼的孩子才不懂什么分寸，仗着长辈的宠爱便生出了恃宠而骄的心思。那时的我不过一二年级，在外婆家里上蹦下跳地像极了混世魔王。却不想一个不小心便踩碎了外公放在床头的眼镜。塑料制的老花眼镜镜框泛黄，颇有些"饱经风霜"的姿态。我的惊呼引来了不远处的外公，一向温和的老人居然意外露出了气急败坏的神情，高高举起的手悬在我的头顶，沉吟半晌，最终却还是缓缓放下。"唉，这还能用，再买得多少钱啊……"时隔多年，外公的训斥声早已随着时间消散，唯有老人脸上无尽的惋惜和那一声声的叹息刺痛了我的心。"钱"这个词语第一次在幼小的我的心中印下了概念，在那个普通的午后，小小的我红着眼眶躲在门后，希望自己能有好多好多钱，这样就可以给外公买新眼镜了……

　　再长得大些，便明白了家庭的困难，"钱"逐渐成为青春期的我的心中不可言说的自卑和敏感。初中的时候，学校不知怎的盛行起攀比的风气，脚上的名牌鞋成为最好的攀比利器。脚踩着几十块钱的"杂牌货"，家庭并不富裕的我自然没有什么能和同学显摆的谈资，心中更是无比的苦涩与自卑。借着中考体育测试的名头，我装作若无其事地向母亲提及内心的愿望："过几天要体育测试了，我觉得买双跑步鞋应该能跑得更快些吧。"虽然表面上云淡风轻，我攥紧的拳头里却出了一手心的汗。凡是与学习有关的事情父母向来格外上心，几乎没有怎么犹豫，便领着我去商场买了双自己从不舍得买的名牌运动鞋。新鞋上脚，我却没有想象中的兴奋与愉悦。除了同学们的几句赞美，我的生活并没有太大的变化。反而日夜面对父母望女成凤的眼神，我的内心是无比的歉疚和惭愧。鞋子便像一道枷锁，牢牢压在了我的心头。为了不辜负父母的期许和脚上的"名牌鞋"，我逼迫自己每天不断练习跑步，终于在最终的考试中取得了不错的成绩。比起名牌鞋带来的阿谀奉承，成绩带来的赞美更加踏实有力，也更加让我快乐。那一刻我便明白，"钱"并不能带来真正的快乐与自信，但是努力和奋斗却能够带来内心深处的满足。

　　时光荏苒、白驹过隙，曾经的懵懂幼童已经成为一名大学生。金钱对我而言已经不再是自卑和苦涩的代名词，我欣然接受了生活带给自己的磨难，并因此更加努力奋斗。现在的我意识到，金钱的意义是爱和希望。我考上了大学，可外公外婆却在此时双双病倒，昂贵的医药费让本就不富有的家庭雪上加霜。虽然家里的日子并不好过，虽然外婆已经卧病在床，可是在我离开家时，外婆依旧挣扎着起身，用颤抖的手递给我两张皱巴巴的百元纸币，嘱咐我一个人在外地不要亏待自己。外婆的神态依旧和蔼慈祥，我却被难以言喻的伤感笼罩。这两张薄薄的纸币承载的是沉甸甸的爱意。在大学期间，为了缓解家庭的经济压力，我申请了学校的助学金。每个月按时发放的补助是来自国家和学校的关爱，它给了我生活和学习的希望，也坚定了我回报社会的决心。

勃朗宁曾说：“生活是锻炼灵魂的妙方。”虽然青春的旅途并不是一帆风顺，却也因此锻炼了我的意志。国家的资助不仅帮助我完成学业，也让我长怀着一颗感恩的心，让我坚定了不断奋斗的思想。身为新一代的大学生，只有自强不息、奋发图强，才能不辜负国家的资助和蓬勃的青春。

作者简介

赵珑，湖南大学生物学院 2019 级生物医学工程专业本科生，获得国家助学金等资助。

二

筑梦青春路

若能摘下满天星辰，当选择最明亮的那颗；若能踏上梦想征途，必奔向最美的远方。

人的一生，最美好的莫过于青春时代。青春由磨砺而出彩，人生因奋斗而升华。青年当有上青天、揽明月的逸志，也应有挥斥方遒、指点江山的意气，更该有十年饮冰、难凉热血的毅力。

用奋斗发声，以国魂筑梦。青年要有远大的梦想，也要有实现梦想的勇气与实力。以个人远志为灯塔，与中国梦合流，与时代梦交汇，驶往更广阔的远方。

功崇惟志，业广惟勤。青年筑梦，便须深自缄默，如云漂泊，方可声震人间。但奋斗青春，亦可携手筑梦。良师为友，同窗为邻，星光点点，照亮路途。

筑梦路上，星辉斑斓。时光漫长，道路宽广，筑梦而往，志之所趋，无远勿届，穷山距海，不能限也。筑梦青春路，不负时代行！

筑　梦

刘　贤

小桥流水　风轻云淡

不时看向远方

外面的世界该是何种风采

昼是否如泡沫般五彩炫目

夜是否如风车般丰富灵动

心潮便泛起深深浅浅波澜

背上行囊　哼起歌谣

翘首期待的日子到了

瞥见父母眼中一丝隐忧

想和世界统一步调

重新审视自己的骄傲

加入现实使理想热闹

良师为友　同窗为邻

杏坛中自有阳光雨露

求学之路不再道阻且跻

青春盛放于逐梦之旅

朦胧的人生前方

有明亮的灯塔保驾护航

心怀感恩　坚定脚步

珍惜被馈赠的每一束阳光

把握被给予的每一滴雨露

不废年华　不忘初心

自信地开启人生新篇章

筑梦于祖国的大好河山

作者简介

　　刘贤，湖南大学生物学院 2015 级生物技术专业本科生，在校期间曾两度获得国家励志奖学金、国家助学金等资助，目前就读于中山大学。

心之所向，逐梦而往

杜子璇

2016 年夏，我从山东省胜利油田第一中学毕业，收到了湖南大学新闻传播专业的录取通知书，步入了这所享有"千年学府"美誉的大学校园。从理科向文科的身份转变对我来说是一次全新的体验，不仅是班级男女比例从 6 : 1 到 1 : 6 的颠覆性变化，更是从带有控制论的"人—手段—目的"思维，到一种近乎海德格尔所说的"对神秘的虚怀敞开"的改变。主体性和自我意识开始苏醒，我第一次认识到，我应当通过努力为自己的人生负责，大学生活的梦想之路也由此启程。

学习科研，巩固基础

大学期间的学业压力算不上小，但我仍抽出时间参加了一些科研项目实践，逐步掌握了学术规范和树立了研究方法科学性的意识。在大学生创新创业项目资金的支持下，2018 年 1 月，我与小组四名同学前往湖南大学对口扶贫县隆回县的花瑶乡，对当地非遗项目呜哇山歌传承现状展开为期5 天的调研，后期收集公众非遗接触习惯等数据并自学软件进行处理分析。这是我第一次作为项目负责人组织成员开展调研，其间的经历深化了我对理论知识的理解，丰富了田野调查的实践经历，锻炼了我独立研究、统筹规划与团队协作的能力。最终顺利结题，完成了"'互联网+'视域下隆回县花瑶乡呜哇山歌传承研究"论文和相关调研报告，得到了指导老师的肯定。

访学交流，开阔视野

在专业学习和科研探索之外，跨文化交流的学习机会也是我一直非常希望能够争取到的。在盛世景奖学金的资助下，2018 年暑期，我在牛津大学进行了为期 1 个月的短期访学。牛津大学是英语国度中最古老的大学之一，也是培育首相和诺贝尔奖得主的摇篮。整个城市依托大学而建，组成牛津大学的 38 个学院星罗棋布，喧嚣的街市和寂静的小巷则镶嵌其间。在这个以严谨著称的国度里的顶尖学府学习，对我而言很是珍贵。纵然严肃如英国，每一次讲座的氛围仍然很轻松，学生可以在任何时间自由提问，而教授也总是能够听懂中国学生"奇奇怪怪"的英文。这 1 个月时间里我选了"国家健康""当代伦理与哲学""跨文化交流""学术写作与批判性思维"等课程，遇到了口音各式各样的教授，也遇到了来自各个高校各有特长的朋友们，和他们一起组队完成任务是很愉快的。其中有一次，小组成员中有一位德国大叔，而恰巧我们的选题是有关康德的理论，可以说是把握机会好好学习了一把，同时大叔活跃的思维和高效的任务推进很是让我们佩服。然而最令我难忘的是我在牛津认识的伙伴们，我们是分别来自不同学校的从大二到研一的学生们，但却在异国他乡结成了一种难以描述的坚定而珍贵的友谊。这份美好的回忆无疑为我的心灵，或者我们中每一个人的心灵，都积蓄了无比的力量。

创新实践，筑梦所向

　　大学四年以来我成长了很多，也收获了很多。我不断地在各个领域尝试，在探索中逐渐发现自己的兴趣。从牛津大学回来后，我便和团队伙伴一起投入到"互联网＋"创新创业大赛国赛的冲刺阶段。参与这次比赛，从团队合作到创新思维的培养都让我收获颇丰。在和伙伴 6 个多月的奋战中我体会到了艰苦奋斗的创业精神和寻求改变的创新精神，而那些通宵达旦，一遍遍打磨项目书、排练答辩的夜晚也终于得到了回报。2018 年 10 月，我有幸同伙伴前往厦门大学参加决赛，见到了来自全国各地的优秀队伍，也见到了许多优秀的项目，深刻感受到了大学生在创新创业上蓬勃的生命力。我们站在时代的潮头边，未来已来。

　　既有心之所向，便可逐梦而往。如今回顾四年大学生活，我踏实走好每一步，连续三年获国家奖学金，并有幸入选人民日报国家奖学金优秀学生代表名录。我觉得很幸运也很感激，湖南大学为我四年茁壮自在的生长提供了一片广阔的星空，给予了我坚实有力的支持，为我提供了与世界顶尖大学交流的机会，接触到顶尖的学府，然后实现自我的提升和转变。有幸因为努力和付出，得到国家奖学金、科研津贴的资助，从而对独立、清醒地生活有了更深入的认识，也有幸碰到投缘的团队伙伴，打磨优秀的项目，在新的领域探索尝试。我将继续求索，开阔自己国际化的视野，培养自身踏实践行的精神品质，正如校歌里胡庶华先生所写的那样——"振我民族，扬我国光"！

作者简介

杜子璇，湖南大学新闻与传播学院 2016 级本科生，在校期间曾三度获得国家奖学金等资助，目前就读于复旦大学。

奋斗是青春最浓厚的底色

关沛文

三年前，他第一次走进湖南大学，千年学府的绵延文脉告诉他，从岳麓书院到现代大学，湖大学子经世致用、爱国忧民的精神和初心从未改变。站在"惟楚有材，于斯为盛"的楹联前，他陷入了沉思：作为"强国一代"的我们该如何作为？在湖南大学的求学路上，他一直在追寻自己的答案。

坚持做学习路上的奋进者

走进大学，他接受的第一个考验就是新生军训。"接下来几天大家将要军训，这是在 1935 年由时任校长胡庶华提出的，他倡导文武同途的教育理念。自那时起，湖大新生皆需受军事训练，以锻炼顽强的意志，抗日名将齐学启就曾担任湖大的军事教员"，一位学长告诉他。此后，他始终鞭策着自己要培养吃苦耐劳的意志品质，苦练本领，在这个没有硝烟的新时代用新的方式报效祖国。教过他的所有老师都对他印象很深刻，"爱问问题、善于思考、敢于质疑"成为他身上的标签；合理地分配时间与科学的学习方式是他制胜的法宝，身兼多项学生工作职务的他，学业仍然名列前茅，一改同学们对学生干部"不爱学习"的印象。创新实践也是他的拿手菜，在这个呼唤"工匠精神"的时代，他找到了属于自己专业的特殊价值，与学生会的同学们着力于打造以"大学生方程式汽车大赛、中国节能竞技大赛、大学生机械创新设计大赛、工程模型设计制作大赛、力学竞赛和汽车文化节，五赛一节"为主体的大学生科技创新平台，服务同学们成长成才，他自己也申请了一项科学发明专利，拿到了"挑战杯"三等奖，成功保送了"激光智能制造"研究方向的硕士研究生。

勇于做工作路上的引领者

在校园里，有这么一群人，他们日夜穿梭在学习与学生工作的两条主线上并孜孜不倦地投身其中，他们就是"学生干部"。省青联副主席、省学联主席、校学生会主席这些头衔在他看来不是光环，而是责任。他秉持着"立足校园、对接社会、成就自我、服务同学"的理念，从一名懵懵懂懂的学生会干事逐渐成长。三年里，他和伙伴们一起用异彩纷呈的校园活动提高"存在感"；用丰富多元的联系手段巩固"认同感"；用主动出击的权益维护加强"归属感"；用尽心尽力的成长服务提升"获得感"；用攻坚克难的革新意识培养"责任感"；用扎扎实实的思想引领增强"使命感"。同学们清楚地记得俞敏洪、于丹等知名人士主讲"我最喜爱的老师"论坛时爆满的大礼堂；也清楚地记得寝室空调安装的那个夏天，吹拂着整个"朋友圈"的阵阵清凉；更清楚地记得在"习近平的七年知青岁月"主题分享会上，大家眼神里透露出的坚定信仰与身上满满的正能量。学生工作的平台给了他取之不尽用之不竭的精神财富，让他深知只有不断学习、不断实践，在服务同学中投身到中华民族伟大复兴中国梦的生动实践中去，才能实现青春的梦想。

甘于做公益路上的奉献者

他到现在还记得，第一次看到"希望工程"宣传海报人物——大眼睛女孩苏明娟给他留下的深刻印象。那一年，在父母的鼓励下，他向县里的贫困儿童捐出了自己的压岁钱，完成了人生第一次捐款。来到大学，作为学校的一名注册志愿者，他积极组织并参加大量的公益志愿活动，和小伙伴们发起了"关爱春苗"公益助学活动，建立"资金扶持、学业辅导、心理关怀"三位一体的助学模式，走访家庭经济困难学生60余名，结对资助40余名，发放助学金2万余元；通过开展图书募集、文具募集、爱心画展等为隆回县双清完小建设爱心图书室的活动正在如火如荼地进行。在大家的努力下，"关爱春苗"团队获得了2016年团中央暑期"三下乡"优秀社会实践团队、全国大中专学生"三下乡"社会实践"千校千项"最具影响好项目两项国家级荣誉称号与2016年湖南省首届青年志愿服务大赛银奖。2017年，在学校组织的"情牵脱贫攻坚"暑期实践活动中，他和伙伴们一起，奔赴邵阳市洞口县助力精准扶贫，帮助村干部完善扶贫档案、填写调查问卷、研究挂图作战，并以"更科学、更人性化、更方便贫困户填写、更方便扶贫工作人员查阅"为理念，编撰了《扶贫档案填写说明》，受到了当地群众的一致好评。

勤于学习、敢做表率、甘于奉献是时代的需求，是青春的使命，更是解答青年学生"作为'强国一代'该如何作为"时代命题的最佳答案。

作者简介

关沛文，湖南大学机械与运载工程学院 2014 级本科生，在校期间曾获得国家奖学金等资助，曾任湖南省青联副主席、省学联主席、湖南大学学生会主席。

心有大梦，励志自强

秦钒治

我是湖南大学环境科学与工程学院的秦钒治，出生于湖南省郴州市桂阳县的一个贫困家庭，外婆患有重度的阿尔茨海默病，作为家里顶梁柱的父亲也在2014年一次意外中丧失了劳动力。在县资助办以及亲友的帮助下，我得以完成高中的学业，并有幸考上了湖南大学。我深知，外界的帮助并不能从根本上改变自己的生活。因此，我暗下决心要在大学勤勉奋进、努力学习，肩负起自己的责任与整个家庭的希望，立志做一个能改变自己命运的人。

我的家乡，是被誉为"粤港澳后花园"的郴州，曾在2010年出现过一起震惊全国的血铅中毒事件，当地23 000多名儿童，54%的出现了血铅超标情况，因血铅中毒而导致永久性智力损伤的儿童超过45人。而我自己，也是超标行列之中的受害者之一，因此不得不连续三年服用排铅药来排毒。我的同桌，因中毒情况严重而导致永久性智力损伤，人生停滞在了11岁。因为生态环境的污染，他被剥夺了正常生活的权利。当时的我，在责怪自己无能为力的同时，也在心中悄悄萌发了一颗致力于生态环境改善与保护的种子。随着认知的不断加深，我发现，世界上还存在着许许多多深受环境污染影响的孩子，这让我更加坚定了自己"改善祖国生态环境、重现碧水蓝天"的梦想。

困境无法击倒我内心的坚强，梦想时刻鞭策着我不断地前进。自进入湖南大学的那一刻起，我就以严格认真的学习态度不断地要求自己。连续三年，我都保持着早晨 6 点起床、晚上 11 点回寝的生活习惯；不管再怎么疲惫，我都会打起十二分的精神认真聆听老师们课上讲授的知识，不敢有一丝懈怠，课堂上积极的表现，让我赢得了老师们的认可；寒暑假里，我总会远赴乡镇村庄，进行水质、土壤、大气的调研，撰写调查报告，投递给当地政府的环保机构，希望为生态环境的改善贡献自己的绵薄之力。终于，功夫不负有心人，我凭借着乐观自信的态度和自强不息的精神，争得了一个又一个属于自己的荣光。

专业学习上，我勤奋努力，力争优异成绩。我是 2018 年度湖南大学励志成长成才优秀学生典型，也是湖南大学第十四届"芙蓉学子·自强不息奖"的获得者。我曾担任年级近乎所有核心课程的课代表，在担任年级高数课代表时，年级高数挂科率创下新低（挂科人数不超过 6%）。自己更是自入学以来一直保持学业成绩的年级第一，四大化学、环境专业课程在内的所有核心科目成绩均不低于 95 分，其中高等数学、有机化学等课程更是获得了满分。在校期间，每年均获得国家奖学金及其他多项社会类捐赠奖学金，三年累计获得奖助学金 90 000 余元。

竞赛科研中，我善思笃行，追求开拓创新。在大二，我便主动联系了导师，勤于阅读论文，并以负责人身份带领小组申报了包括大型精密仪器校二级项目、国家级"大学生创新性实验和创新训练计划（SIT）"项目在内的多项科研项目。同时我还参与了第二届全国大学生环境设计"虚拟仿真"创新大赛，荣获了全国一等奖的好成绩。目前，我已有一篇英文实验论文投稿至国际一区期刊 *Journal of Harzadous Materials*（IF：7.650），一篇英文综述论文已处在收尾阶段，获有国家专利两项。

在学习之余、科研之外，我还积极承担时代责任，奉献青春力量。在校内，我曾担任多项学生工作，以为同学服务的思想引导自己，不断强化工作能力，丰富自己的思想理念。大一时任班长，大二时担任学院办公室副主任、校飞盘协会与天文协会副会长，大三时担任学生会办公室主任，大四时担任学院本科生第一党支部副书记，兢兢业业的工作态度、积极勤奋的行为习惯让我受到了学院老师、同学们的一致认可。在校外，我奉献公益，将爱传递，设计"雷锋月"系列志愿活动；积极进入市敬老院与福利院，为老人与孩童送去温暖。自2016年以来，我多次参与学校公益岗活动，是湖南大学2018年度公益岗服务活动优秀志愿者。

　　我一直有一个梦想，一个改善祖国生态环境、重现碧水蓝天的梦想。在实现这个梦想的路上，我会一直保持着谦卑、勤奋的态度，通过各个方面的学习丰富自己的精神世界、增强自己的综合能力，以"勤奋""逐梦"作为人生标签，以成为更加优秀的自己。当然，不只是我，千千万万环境人无不怀揣着碧水蓝天净土梦，一同奋战在污染防治攻坚战的前线，为中华民族的永续发展积蓄力量，时刻准备着为功在当代、利在千秋的生态环保事业奉献一生，展现勇担大任、心系国运的青年本色。我们会一直保有这个共同的生态环境梦，在梦的彼方，不断激扬青春，奏响属于自己的青春赞歌，展现出自己的青春风采！

作者简介

　　秦钒治，湖南大学环境科学与工程学院2016级环境科学与工程专业本科生，在校期间曾三度获得国家奖学金，也曾获得钟氏奖学金、长江环境奖学金、倪正东奖学金等资助。目前，就读于湖南大学环境科学与工程学院，攻读硕士学位。

咬得菜根， 百事可做

龚 娟

在写满离别的盛夏，她驻足自卑亭前，听耳边送别的歌声悄然回响，遗憾的是，这突如其来的疫情打乱了计划，甚至来不及好好说句感谢、道声珍重。岳麓山脚下，在小小的"北村"，她用四年时光验证了"咬得菜根，百事可做"的八字箴言，换来了珍藏一生的回忆。

咬得菜根 养其体魄

贫穷、困难，这些刺人的字眼，成了别人介绍她时的标签。"这个女孩挺可怜的，这么小就没了妈妈，靠爷爷奶奶带大，爸爸身体也不好，在外打工不容易"，尽管母爱可贵但无须苛求，尽管同情的目光充斥了她的生活，可她却从不自怜自艾，苦难无须歌颂，无须追捧，没有人喜欢它，却也不得不面对它。

在常人眼中，也许她的生活是不幸的，可她却打心里觉得自己是幸运的。因为她成长于一个幸运的时代，在这个时代，经济困难的学生同样可以有尊严地生活、有底气地奋斗，国家助学贷款帮他们解决了入学的后顾之忧，学校全面覆盖的资助体系全力支持着他们完成学业，各种各样的奖学金激励他们勤奋进取。2016 年 9 月，她怀着忐忑又兴奋的心情来到岳麓山下，走进湖南大学，开启了新的人生篇章。

赤子之心　百事可做

　　由于家庭情况较为困难，她在大一学年接受了博世基金方的资助，同时，基金方还为受助学生提供了一个开展创新实践的机会，只要项目审核通过，即有机会获得基金方的一笔资金支持。正是这样一个偶然的机遇，让她初次体会到了开展实践活动时的艰辛与快乐。她尝试着联系了班级几位同学，说服他们一起参与，组成了一个团队。此后他们不断试错与摸索，最终成功申报了以防治校园欺凌为主题的调研实践活动，并获得了学校资助办与博世基金方的认可。她与小伙伴们自行制作了校园欺凌的PPT、教案、教学提纲等内容，先后在岳麓石佳冲小学、益阳市高明中学开展了"中小学生防校园欺凌知识讲座"，并进行了问卷调查，完成了人生中的第一份调研报告。在此之后，她的团队还受邀对彩虹助学协会的支教志愿者开展了相关的培训，与他们一起分享与交流。再回首这段经历，更换选题、联系队友、耐心制定计划、熬夜完成报告、检查各项工作是否落到实处……种种酸甜苦辣成了她大学生活难以忘怀的记忆。在这个过程中，她体会到了团队合作的重要性，更在求真路上找到了使命感和责任感。

　　一颗科研的种子悄然种下。大二学年，她再次组队参加了"大学生创新性实验和创新训练计划（SIT）"项目，有了之前的经验，团队成员早早就开始在各大期刊阅读最新的经济学文献，寻找自己感兴趣的选题，在充分听取老师的建议后，决定以"我国农业产业链融资模式及其主要制约因素研究"为课题开展研究，并且成功申请到了国家级立项。这是一个非常漫长的过程，无论是选题还是申报，都要阅读大量的文献，一次又一次的讨论和修改，却也让她对经济学有了更深的了解，提高了她的文献检索阅读、文献综述等科研素养。

"做科研需要有情怀，如果你想要更高的薪资，那科研一定不是一个合适的选择。如果选择做科研，之后的学术道路会异常艰辛，其中的快乐只有真正热爱的人才能够体会到"，老师在课堂上的话深深刻在她的脑海中，也引发了她的思考，究竟什么是科研？自己感兴趣和愿意投入的是什么？科研对自己来说是否是一条正确的道路？为了找到答案，她只能选择不断尝试，在试错中了解自己是否能够用纯粹之心来开展学术研究。2018年，她又参加了美国大学生数学建模竞赛与"高教杯"数学建模竞赛，这要求她要和其他成员一起在短短的几天时间内高质量地完成数学建模与论文写作，面对如此高压，正是成员之间的互相支持和安慰帮他们渡过了难关。在比赛准备的过程中，她认真学习了相关的数学模型、编程知识，这些都拓宽了她的视野，也对其之后的学术研究起到一定的帮助作用。

就是这样，一步一个脚印，她在科研道路上找到了自己的兴趣所在，明确了之后的人生目标。大三学年，她投入了更多的精力在科研上，主动要求加入老师的课题组，每周定时参加讨论班，跟着研究生上课，尽自己最大能力完成老师给定的任务，并且作为负责人之一与小组成员一起积极备战"挑战杯"。在团队的共同努力下，他们有关人工智能对劳动力需求影响的研究项目成功入围省赛并获得三等奖。为了继续提升科研能力，她在已有专业知识基础上，继续学习了计算机课程，以环境经济学为专题播种科研探索试验田，助力习近平总书记"绿水青山就是金山银山"的理论应用。这些点点滴滴，让她的学习生活忙碌而又充实，也让她走科研之路的决心更加坚定。

"我们终其一生，就是要摆脱他人的期望，找到真正的自我"。在岳麓山下的四年，她摆脱了贫穷与自卑的束缚，以自信的姿态追寻真我，在这个幸运的时代，尽管前路彷徨，却依然未来可期。

作者简介

龚娟，湖南大学经济与贸易学院 2016 级国际经济与贸易专业本科生，在校期间曾两度获得国家奖学金，也曾获得国家励志奖学金，国家助学金，博世助学金，宝钢奖学金，刘奇、王淑哲奖学金等资助。目前，就读于浙江大学经济学院。

不忘起点， 方能致远

蔡雨希

每一个踏入过的校园都不曾远去，它们已然成为我们每一次重新出发的起点。

百流汇川　如炬传承

当我站在岳麓山脚下，以水和彩在纸上自信挥洒时，我没有忘记那些迷茫的高三夜晚，脚步沉沉地走出刷过一天题的教室，看到黑暗的夜空，繁星点点，却不知道自己在高考之后会到哪座城市，学习何种专业，遇到什么样的朋友，以及如何选择今后的生活。在填报志愿的时候，我甚至不明白"化工""应化""建筑学""环境工程"这些抽象的学科名词背后究竟有哪些具体的课程，需要哪些天赋，又会将我引向什么样的工作和生活。我不想在没有获取足够信息时就草率做出决定，于是在家人的帮助下，我有幸与相关专业在职的叔叔阿姨们进行了一番交谈，他们或抱怨连连，或娓娓道来，但他们的经历和令我身临其境的描述无疑都让我前进的脚步更加坚定。只有掌握选择所需的信息，才能真正做出属于自己的选择，即使前方荆棘密布，也绝非无知或外力下被动的选择，而是敢于自我承担的选择。

没有一条路是已知的道路，即使是同一处的河流，后人蹚过的也将有异于前人。但是我不愿看到学弟学妹们在尚未了解到达彼岸的方式可以有翻山、过桥等等很多途径时，便迷茫地走向同一条河流。所以，当听说曾经的同学和家长们决定写一本关于武外（武汉外国语学校，系作者高中母校）学子的成长经历、其每一步的选择以及现在的学习生活的书时，即使在大学建筑学高强度的学习压力之下，我还是决定加入这件非常有意义的事——参与公益出版物的出版活动中去，依托大学积累的专业素养和技能，尽自己的能力帮助学弟学妹做出"informed decision"（指导决定）。

我们不同的选择和走在不同道路上的经验将像千百条溪流汇聚成川，凝结在这本书中，正如前人毫无保留地和我们交谈一样，经验并非私有财产，我们想让分享的火炬继续传递。

回报也是一种挑战

一开始，我对于"跨界"这件事太过乐观，以为建筑学是一门知识要求全面的学科，精到结构工程、水暖电，大至城市设计、社会学，我们都有所涉猎。于是，"顺理成章"，自以为掌握制图表达便意味着美编出版也不是难事，实则不然。

这次的公益出书非同寻常，远远超过以往支教、照顾运动员等用心费力的劳动付出带来的挑战。隔行如隔山，即使自己在读建筑学专业，并且有一位本科在读建筑学的校友学姐的指导，我们依然困难重重。当我自信地以为自己熟悉众多图像处理软件、排版软件便能现学现用时，出版社提出须使用一款我们从未接触过的矢量排版软件。除了自学软件外，缺乏出版经验也让我们在手绘的图幅选择与打印效果的对应上认知不清，数不清次数的尝试和调整最终才得以弥补跨界的技能经验上的不足。

通过这次的经历，我意识到了学习运用能力和专业间的灵活适应能力的重要性。此外，经验可贵，在完成一个崭新的任务之前，能向一位有经验的前辈讨教将会大大提升自己完成任务的效率，而我们的这次公益出书也是如此。

不忘起点 方能致远

这次公益出书，好似散落在世界各个角落的一家人的寻根之旅。平日"神龙见首不见尾"的建筑系学姐，在合作担任美编时，几乎能做到秒回消息，寒假的出版工作会面也成为很多素未谋面的编委叔叔阿姨和校友同学的"校友会"。感激编委叔叔阿姨们和学姐学长们在联络时不分昼夜和时差的付出，我们最终收集到了来自全世界不同的高校和企业的经验分享稿件。

在投稿封面诗文时，我写下了这样一首诗：每一个我们尊重和珍视的舞台，都洒满了时光之河的汗水与泪水，光芒不只属于舞台，每一滴心血都是光源。我想，这首小诗之所以获选，不是因为辞藻精致华丽，而是因为大家无论走上国际舞台还是人生巅峰，都不会忘记在武汉外国语学校的校园中那一方小小的舞台，不会忘记老师同学们对彼此每一份努力的尊重和鼓励，那是我们出发的起点，也是自信在关怀中悄然生长的地方。

而我之所以能有力量回报高中母校的恩泽，是因为湖南大学建筑学院的老师们让我从一个通过刷题的成果初入大学校园的"准大学生"，变成了一个具有感恩之心、独立思考能力、主观能动性、灵活适应性的大学生。

经过在湖南大学建筑学院的学习，无论是老师们的倾心授课，还是国家奖学金、水石奖学金等对我的全面发展和专业素养的鼓励，都让我获得了全方位的成长。于是，在大四年级，我勇敢地选择了离开熟悉的湖大校园环境，幸运地参与了国家留学基金委资助我院与米兰理工大学的优秀本科生公派交换项目。在米兰冬奥会可持续城市设计工作室中，我与同组合作伙伴将我国 2010 年上海世博会可持续城市设计的理念和实践经验同意大利多位市长汇报交流，设计成果收录于米理任课教授的书籍 *MILANO CORTINA 2027 STRATEGIES AND GUIDELINES FOR POST-EVENT SUSTAINABLE LIVING* 中。回国后，我利用暑期积极参加家乡老旧小区改造设计公益意见征集会议，尝试将国外课程的大尺度设计思维和经验进行转化，应用到自己所处社区的实际"旧改"工程中。

不忘起点，是一种态度。回溯踏踏实实走过的脚印，回忆那些在自己蹒跚学步时给予过帮助的人，回望并以绵薄之力回报家乡那片与自己共同成长的土地，既可以勉励自己把正能量传递下去，同时也是自我赋能的良方。不忘起点，方能致远。

作者简介

蔡雨希，湖南大学建筑学院 2016 级建筑学专业本科生，在校期间曾三度获得国家奖学金，也曾获得水石奖学金、国家留学基金委优秀本科生公派留学全额奖学金等资助，已保研至同济大学建筑与城市规划学院城市规划系。

心怀感恩，砥砺自强

陈迪文

在忙碌的日子里匆匆回首，恍然发觉自己在湖大的本科时光已近尾声。在这段弥足珍贵的时光中，学校、学院的政策关怀，老师同学们的关心，这些点点滴滴真切地帮助着我从迷惘中走出，在不断自我探索的过程中，我正俨然成为更独立强大的自己。

一份基于责任的传递。入学前，我办理了生源地贷款，怀揣着一份忐忑不安的心走到了东方红广场，新奇的世界让踌躇满志的人心潮澎湃，但我却如履薄冰，直到学姐带我从绿色通道拎着大包小包回到寝室时，才顿觉心头松畅。大一期间，我加入了院分团委宣传部，成为一名宣传部干事。忙碌的部门工作以及繁杂的学习课程一度让我感到十分焦虑，像所有初来乍到的大一新生一样对崭新的大学生活感到各种不适。在这个过程中，我感受到了宣传部学长学姐的温暖，他们在工作上耐心指导，在学习上答疑解惑，在那段混沌的时光中，他们为我拨开云雾。随后的工作中，我也越来越得心应手，拍摄记录活动，积极撰写新闻稿，学习新媒体技能，院网、校新闻网、院公众号都留下了我的名字。回想起加入分团委的初心，也许正是军训期间感受到了班导们的真挚与热情，他们的辛劳让我觉得我也应当为院学生工作尽一份绵薄之力。

一份基于感恩的回馈。除了从事学生工作，我还积极响应公益志愿服务的召唤，参与了公益服务岗、院大型活动志愿岗、"爱心进医院"等志愿活动，也获得了不少优秀志愿者称号。但比起这些，医院里那些身患白血病的孩子们明媚的笑容更让我印象深刻，每个鲜活的生命都在努力与坎坷斗争，它让我长久地感受到了生命的意义在于奋斗与奉献，我希望这样的活动能伴随我整个大学生活。即使在学习生活最为繁忙的时候，我也同室友结伴去献血屋捐献血小板，躺在捐献室里漫长的一下午，回想起那些身患白血病的孩子们，我觉得一切都是值得的，这份责任是我所收获的爱与感动所浇灌的，我愿尽我所能去回馈这份感动。

心中常怀一份感动，前进的道路上便多一份力量。大学期间参加各种活动之余，我不忘加强专业技能的学习，从大一到大三成绩有了稳步提升，连续三年获得国家励志奖学金，这让我的生源地贷款还款有了着落。在大二期间，为了提升自身能力，我走上了勤工助学岗位，在心理办担任学生助管，协助心理办老师完成关于心理课程、心理团辅活动、心理健康知识讲座、朋辈心理委员系列培训会、5·25心理健康节系列活动等与学校心理健康教育工作相关的活动工作。在心理办学生助管岗位上，我也常常感受到来自老师的体谅与关怀。工作期间，我的组织协调能力都得到了很好的锻炼，更宝贵的是也学习到了很多心理学方面的知识，在待人接物、沟通交流方面我都能更加从容得体，也更愿意倾听他人的烦恼，体谅他人。在2018—2019年度的勤工助学年终表彰大会上，我获得了"勤工助学优秀个人"称号。同时，在心理老师的帮助下，我加入了心理办的宣传媒体——麓山心语网络工作室，成为工作室的副站长。从招募新成员到工作室整体发展规划，从每一个心理话题的确立到一篇推文的成功推送，从每一个活动方案的策划到每一次活动的顺利完成，我都参与其中，认真把关。

　　作为湖大心理中心下属的官方新媒体运营团队，麓山心语网络工作室虽然从成立至今才两年多时间，但目前已经获得了许多成果，如，在2019年12月15日获得了由湖南省心理卫生协会以及大学生心理咨询专业委员会授予的"优秀心理类学生社团"荣誉称号。我也于2020年5月通过线上答辩被评为校"十佳心理干部""最受欢迎心理干部"，在心理健康教育的宣传工作中，帮助同学们排忧解难或是寻求专业帮助，让我收到过无数声"谢谢"。在疫情最严重的时候，我帮助老师负责了"新学期的正确打开方式，听咨询师说"系列宣传活动的推送，例如《疫情期间大学生情绪调解的几点建议》《怎样提升心理免疫力》《疫情期间的宅家身心放松法》《压力认知及行为调整》以及《疫情过后的创伤与创伤后成长》等文章的推送，帮助心理老师们及时地在公众号上将他们的专业建议分享给需要的同学们，提醒同学们关注疫情期间的自我心理健康状况。我个人也在这一过程中开启了自我认知的旅途，帮助他人的同时自己也获得了很大的提升。我希望自己能做的是团结工作室的伙伴，一起为学校的心理健康教育工作添砖加瓦，让这个世界因为有我们这样一群人的存在而多一丝温暖和关爱。

　　这是一个关于感动与自强的平凡故事，希望我能够通过分享自己的生活历程向他人传递力量。或许我们不可能每个人都能成为万众瞩目的存在，但能在稀松平常的日子里保持初心、不断进步，亦不失为一种美好。如果我的身上有一丝亮光，那一定是来自他人的关怀与帮助的折射，不奢求成为万众瞩目的光源，但我一定会努力做到忠实地回应所沐浴到的光泽。

作者简介

陈迪文，湖南大学法学院 2017 级法学专业本科生，三度获得国家励志奖学金，也曾获得国家助学金、倪正东奖学金等资助。

逐梦在湖大化院

钟　元

麓山巍巍，湘水泱泱，综合楼中，回顾自己与化学、与湖大结缘的往昔，心中感慨不已……

初中起，我便对化学产生兴趣。即使受限于农村匮乏的教育资源，我也积极发挥自己的主观能动性，在家中利用筷子、纸杯等材料做一些家庭实验。高中时，不满足于课本上的化学知识，我参加了全国化学竞赛，化学有趣的现象、缜密的逻辑思维也让我愈加对她充满兴趣，于是决心在大学中继续加深对化学的理解。

进入湖大后，我仿佛进入到化学知识的海洋，每天课本上、图书馆书籍中、最新文献上以及老师传授的新知识都冲击着我的大脑。湖大化工院教授大都有着扎实的科研教学功底。他们信手拈来与课本上知识相关的前沿进展，深入浅出、生动幽默地进行讲解，这让我对化学更加向往。我也如饥似渴地汲取着新知识、新养分。在校期间，基本上每一天我都在综合楼自习至晚上11点，综合楼闭楼才回寝室。我各门成绩也都名列前茅，专业课成绩稳居专业前三，并获得了国家奖学金、国家励志奖学金等奖励和新鸿基地产郭氏基金的资助。作为一名家庭经济困难学生，学校和社会的援助让我倍感温暖，也解除了我经济上的后顾之忧，让我能够更加专心地学习和研究。

我也深知，化学学习过程中，实践比理论学习更重要。学校学院也为我们提供了很好的平台，开展多种项目吸引本科生参与科研实践，同时以动员会、学长学姐经验分享等形式鼓励大家参与到科研中。对于得到过新鸿基地产郭氏基金资助的家庭经济困难的学生，学校新翼基金还贴心地为实施较好的项目报销科研及竞赛过程中产生的花销，以期望为家庭经济困难学生减少顾虑，积极参加科研创新。受此影响，我在大一下学期便参加学院组织的本科生科研能力提升计划，加入我们学院霍甲老师课题组中，开展独立课题研究，并负责一项国家级"大学生创新性实验和创新训练计划（SIT）"项目。在开展科研过程中，得益于我的科研导师的悉心指导，我研究的课题"离子液体基共价有机骨架材料的制备和活化 CO_2 性能研究"由我自己独立设计合成路线，独立开展实验。在初期设计路线中，经历多次"查阅文献—设计路线—课题讨论—否决"的循环过程后，我终于设计出了一条经济可行的路线，也得到了导师的认可。更多地，在此过程中我掌握了文献查阅、文献阅读技巧，目前已经能够快速查找阅读英文文献。

　　寒暑假期间，当其他同学背上行囊准备回家，我则穿上实验服，开始我的课题研究。假期里，每天朝八晚十的实验室生活不但没有让我感到疲惫，反而让我乐在其中，使我更加坚定了从事科学研究的信念。功夫不负有心人，我设计的单体合成路线虽经波折，但还是在 20 多天内顺利完成。测试表明，我合成的共价有机骨架材料氮杂卡宾单体催化活性高达 94%，有望在二氧化碳减排、碳酸酯生产中发挥重要作用。第二阶段，我朝着合成有序晶态的 COF 目标发起冲击。目前合成离子型晶态的共价有机骨架材料在学术界仍然是一个不小的挑战。我也尝试了多种方法，得到的结果仍然不尽如人意。在科研的瓶颈期，我屡战屡败，但是丝毫没有气馁，反而把它当作是科研路上必经的一种磨炼。在此情景下，我不断地寻找着合适的方法去攻克这一难关，或者寻找新的思路加以解决。实验过程中，我也熟练掌握了一些化学类软件如 Origin、ChemDraw、MestReNova 等的操作，具备较强数据处理分析能力。得益于湖大完善的分析测试平台，我能够熟练操作多种大型精密仪器，如核磁共振谱仪、X 射线衍射仪等。

由于本项目实验量较大，研究方向前沿，研究思路清晰，学院认为整个过程体现出的科研热情值得肯定，因而推荐本项目代表学院参加 2019 年第六届全国化学类专业大学生科技活动交流会，并作为湖南大学唯一代表做大会报告。在交流会上，本项目得到了与会老师和同学的肯定，最终获得大会报告一等奖（最高级）。

我生活朴素，为了减少一切不必要的开支，不和其他同学攀比物质生活。我也感谢国家和社会对我的资助，学习科研之余，积极向党组织靠拢，参加党课培训，并顺利取得结业证书。我还参与到服务社会的公益志愿活动中，在校期间先后参与公益志愿活动 20 余次，如三度担任"资助大使"，宣讲国家资助政策；参加新鸿基学子保研经验分享会并做分享，将我的学习科研经验分享给学弟学妹。我也作为代表参加教育部全国学生资助管理中心座谈会，介绍自己作为"资助大使"的经历。

2019 年参加暑期保研夏令营期间，由于我的这些成绩，我也得到了其他学校老师的认可，并先后获得了清华大学、中国科学技术大学、合肥微尺度物质科学国家研究中心、厦门大学等校录取资格。我在 2019 年 9 月成功拿到学院推免名额，最终保送至中国科学技术大学学习。

"路漫漫其修远兮，吾将上下而求索。"我知道，成绩属于过去，未来要走的路还很长很长。是树木就要搏击风雨，是雄鹰就要展翅飞翔，带着那么多的关怀和期望，我会以更加向上的姿态迎接生命中一次又一次的磨炼和考验，以更加饱满的热情投入到以后的学习和生活中去。"天道酬勤"，我相信属于我的明天终会是阳光灿烂。将来成才，我也希望能够回到母校，为社会、为母校贡献一份自己的力量。

作者简介

钟元，湖南大学化学化工学院 2016 级化学专业本科生。在校期间曾获得国家奖学金，两度获得国家励志奖学金，还获得国家助学金、新鸿基地产郭氏基金助学金等资助。目前，就读于中国科学技术大学应用化学系。

在湖大的筑梦成长路

周温慈

王国维在《人间词话》中说："古今之成大事业大学问者，罔不经过三种之境界：'昨夜西风凋碧树，独上高楼，望尽天涯路。'此第一境界也。'衣带渐宽终不悔，为伊消得人憔悴。'此第二境界也。'众里寻他千百度，蓦然回首，那人却在，灯火阑珊处。'此第三境界也。"这段话本意指的是做学问，但对于我来说，这三境也恰好是我在湖大学习成长的三个阶段。

昨夜西风凋碧树，独上高楼，望尽天涯路

九月初，走进湖大校园，面对这陌生又新奇的环境，我心怀憧憬和希望，但同时内心也忐忑不安。开学后遇到的第一个麻烦就是几乎所有的作业都需要通过电脑来完成，但由于家庭的特殊性，让父亲给我买一台性能比较好的笔记本电脑是一件奢侈的事情，所以在经过百般考虑后，我才敢鼓起勇气向父亲提出了这个请求。看着父亲抱着电脑，一步一步笑着向我走来时，我的眼眶蒙上了一层水雾。从那时起，我就暗下决心，一定要抚平父亲日渐弯曲的脊背。但我没想到，购买电脑仅仅是一小步，随着学习的深入，对专业的不了解和内心的不自信这两座大山逐渐将我压垮。还记

得第一门专业课摄影课，课上老师要求每堂课每位同学最好都带着单反相机来，我默默地低下了头。那是我第一次知道原来一个拍照的相机价格会高达几千块钱。转念想到父亲无论刮风下雨都在工地上忙碌的身影，我想只要我努力勤奋，通过自己的手机也能拍出好的作品。事实证明我错了，当我还对构图、光影一头雾水时，同学们都已经迅速地掌握了对称性、均衡等难度更高的技术点与知识点。每当深夜时，躺在床上的我，总是被什么也做不好、什么也做不成的失败感所裹挟。为什么大家懂的我却都不会？为什么他们都能做好的，我却事倍功半？

衣带渐宽终不悔，为伊消得人憔悴

就在我陷入深深的迷茫与自我怀疑时，一次偶然与同学的心声吐露则成为我成长路上的又一次转机。在同学的建议下，我开始涉猎各类设计相关的书籍，对设计有了更加深入的了解，并逐渐开始对交互设计感兴趣，发现了设计与计算机结合，可以做出很多很有趣的事情。同时我也认识到，光学设计是不够的，设计应该与当下技术相结合，比如计算机。设计具有多学科交融的学科背景，所以我在学习设计的同时，也开始去学习编程。在大二上学期，我加入了学校的微软俱乐部，成为 GUI 部门的一员，认识了很多来自不同专业的有趣的同学，并在一次又一次的头脑风暴中发现了设计和编程两者的结合可以创造出很多的可能性。

因为认识到了设计学是交融学科这一特点，我一直积极主动地拓宽自己的知识面，并在大二时和材料院的小伙伴们一起申请了"大学创新性实验和创新训练计划（SIT）"项目——"纸上电路打印及文创产品应用"，在老师的悉心指导和团队成员几个月的认真打磨下，项目成功地通过了省级立项。这是我第一次将自己的专业知识运用到实践中，独立设计文创产品、与团队一起探索纸上电路创新型的应用场景以及独立负责团队品牌logo 设计……虽然参加这个项目之初自己有过胆怯，在一遍遍打磨项目的过程中有过疲惫，但这个过程让我明白，并且逐渐领略到了设计的不同面和设计的多维度，对专业也重新有了兴趣和自信。

众里寻他千百度。蓦然回首，那人却在，灯火阑珊处

我常常一边学习一边思考：什么是设计？什么是好的设计？如何设计？为了什么而设计？本科阶段，学设计是为了追求什么？大一的整个学年，其实是我对设计的初识。这是个很奇妙的过程，在这个过程中，我困惑过，顿悟过，崩溃过，怀疑过，最后还是坚信着，坚信自己，即使可能不能为中国的设计学科做出卓越的贡献，但愿为中国的设计学科奋斗终生。

保持清醒、及时自省、怀揣感恩的心，是我在湖大学习以来通过与老师和学长学姐交流中得到的最大的收获。大学可能不再像高中那么机械地学习，但是良好的学习习惯、学习能力和学习方法是很重要的。在规定的时间，完成规定的任务，是一个很简单但却又很难的事情。

我想，通过本科的学习，自己的心境能够得到一定的磨炼，自己的人格版块能够变得更加丰满，看待世间万物的景象，有自己独到的视角。在未来或者不久的将来，通过实践学习与专业课的学习，我能够构建起自己的设计观，成为一位有温度的设计师。

作者简介

周温慈，湖南大学设计艺术学院 2018 级工业设计专业本科生，获得国家励志奖学金、国家助学金、湖南大学二等奖学金、茅台助学金等资助。

脚踏实地， 仰望星空

张慧芳

三年前刚入湖大，看到爱晚亭那一簇簇亮眼的红枫时，我就在想，我是否能在这里收获我的成长。转眼三年已过，我给出了自己的答案。我既有过找不到目标时的迷茫，费力做事时的艰辛，也有过收获时的喜悦，我也总是牢记"实事求是，敢为人先"的校训，向着越来越优秀的湖大人奋进。

尝试比自己多走几步

大学伊始，无论是军训场上认真纠正我们军姿的教官们、辩论赛上妙语连珠的辩手们，还是活动会场忙前忙后的组织者们、新老生交流会上分享自己成功经验的学长学姐们，他们都向我展示了一个优秀的大学生应该是什么样子的。那时，我暗暗地想，以后我也要变得像他们一样优秀。但是，大学以前从未参加过学生工作的我打起了退堂鼓，我担心面试表现太差，我不敢尝试，害怕失败，但脑海里总想起带班学长对我鼓励的话语。我在犹豫中报了名，也因此加入了学生会和社团，还成为岳麓书院讲习团的一员。

此后的我利用课余时间写策划、办活动，一方面提升着自己的能力，另一方面也找准了自己今后在学生工作中的方向。我从一个活动的参与者成长为活动策划的负责人，从一个委员成长为可以独当一面的部门副部长，从默默坐在台下的学妹成长为在台上分享自身经验的学姐，我知道任何的成长都需要尝试，任何的收获也都需要努力。当我被评选为湖南大学2018年励志成长成才优秀学生典型时，我知道，我的这份答卷已经完成了不少！

学会比自己多想一点

如果要问我，在大学里做过的最不后悔的决定是什么，那答案便是加入 FLY 协会吧。这里是我公益开始的地方，我永远忘不了第一次在医院陪伴白血病小朋友的场景，虽然整个过程都戴着口罩，但这并不影响与小朋友的交流。在志愿者们即将离开时，一个奶奶追出来对我们说："谢谢你们，我孙子很喜欢你们这些哥哥姐姐，希望你们能够常来。"她向我们讲述了她孙子的病情从发现到治疗的过程，那次我真切地感受到病魔给孩子和家人带去的痛苦，也看到了志愿者的到来给孩子带去的帮助。我用拥抱结束了那个下午，由此也开启了我的公益之路。

在和同学、社区共同组织的"书香子弟"项目中，为了改善活动方案，我们持续参与到其他同类活动中，体会不同模式在效果上的差异，学习怎样给孩子带去更好的活动体验。为了真正从需求上满足孩子在生命教育方面的缺失，我们借鉴国内外相关活动，丰富自己的知识储备；为了扩大志愿者的队伍，我们在学院组建志愿者库，动员更多的同学参与进来；为了让社会关注到这个群体，我们一遍又一遍地修改新闻稿，只为能让他们在公众的视野里出现。当这一个个小目标实现时，我总是想起孩子们泛着笑容的脸庞。在大家的努力下，"书香子弟"项目获得了 2016 年湖南省首届青年社会组织公益创投大赛优秀项目奖，被评为了湖南省普通高校大学生德育实践省级项目，我也看到了我在公益路上的努力获得了肯定！

公益服务于我而言，不仅是"帮助"这样一个简单的事情，它更像是一种对自我的审视。我总是想到在与不同群体接触的过程中，要学会用恰当的方式去了解他们，还要懂得站在他们的角度去思考，当这中间出现什么问题时要及时反思，发现自己的问题然后去改进。就像是一面镜子一样，我作为志愿者去服务他们，那么从他们身上也能看出我做得如何，这种即时反馈是需要用心去感受的。

敢于比自己多做一些

大学以前我每天要做的事情是把老师布置的作业完成，但到了大学我想做些改变。学习总是一分耕耘一分收获。大一由于刚接触学生工作需要花费较多时间去熟悉，提升自己的能力，在学习上仅仅止于作业；大二时除了学好专业课程，我对自己提出了更高的要求，定下了参加学科竞赛、做科研的目标；大三时，我想要争取保研，努力学好每一门专业课，在图书馆日常打卡，过起了朝七晚十的生活。

这个过程是孤独的，每当深夜室友早已进入梦乡时，我却还在一遍一遍演算着公式、分析比赛模型、优化方案设计、处理实验数据，完成自己定下的目标。但这个过程又是温暖的，在教室里经常和同学讨论力学题的求解思路，和"大学生创新性实验和创新训练计划（SIT）"项目的队员们并肩作战，共同为了模型制作的问题反复和厂商沟通，因压力而焦虑时又会有朋友安慰开导我。但这些都是我必须经历和承受的，既然选择了远方，就只顾风雨兼程。

我知道，不是每一次努力都会有收获，但我同样知道，每一次收获都必须付出努力！曾经我也一度怀疑自己，总担心得不到自己想要获得的，但我仍在坚定不移地向目标迈进。终于，当我组建的"大学生创新性实验和创新训练计划（SIT）"项目课题获得校级立项、结题时，当我获得保研资格，即将成为结构工程专业的硕士研究生时，当我多次通过学校学院遴选获得多项奖助学金时，我的努力有了收获，我没有让自己失望，也没有辜负每一次在我身边加油打气的朋友们的期望。

大学时光转眼已快过去三年，"脚踏实地，仰望星空"这句座右铭我也悉心领悟了三年。犹记得在军训场上作为土木人喊出"让优秀成为一种习惯"时的骄傲，庆幸当时的自己没有选择停留原地，而是在迷茫过后，以优秀的学长学姐们为榜样，在实践工作中锻炼自己的能力、磨炼自己的意志。同时，也要感谢国家和社会对我的帮助，多次获得奖助学金是对我的一种肯定、一种鼓励，也为我提供了更好的学习条件，让我坚信前行的道路必将越发宽阔！

如今，我在岳麓山下已递交了一份属于自己的满意答卷。回首过去，我身后早已留下了我或大或小、或深或浅的足迹。前行之路，也必将熠熠生辉。

作者简介

张慧芳，湖南大学土木工程学院 2015 级建筑工程专业本科生，在校期间曾三度获得国家励志奖学金，也曾获得国家助学金、皓芬奖学金等资助。目前，就读于湖南大学土木工程学院结构工程专业，攻读硕士学位。

人不奋斗枉少年

王晓晨

感觉在目前为止的大学生活中，我听到的最多的一个词就是"迷茫"。不知道自己毕业以后要从事什么工作，不知道自己要做什么……的确，在人生的岔路口很难做出抉择。北岛的《波兰来客》中有这样一句话："那时候我们有梦，关于文学，关于爱情，关于穿越世界的旅行。如今我们深夜饮酒，杯子碰到一起，都是梦破碎的声音。"多么伤感的一句话，其中包含了深深的遗憾与落寞、不知所措与无可奈何。梦之所以为梦，正是因为其艰难，倘若所有人都能轻易获得成功，实现自己的梦想，那就不存在梦了。虽然不知道最后是否能成功，但至少我尝试过了，已经为了得到它做出了自己的最大努力，这就已经无憾了。

少年辛苦终身事，莫向光阴惰寸功。学习是必需的。在生存压力这么大的时代里，只有不断进步才能免遭淘汰。看似残酷，实则给予了最大的尊重与自由。至少实力是可以由我们后天努力来获得的，可以掌控在自己手中，不像颜值和家境一样与生俱来。在大学刚开始时，我以为高中非常努力就足够了，大学没有必要那么紧张。但渐渐地，我发现，晚上十一点的综合楼依旧会有自习的同学，试想一下，如果每天多学习两小时，那么一年除去假期按 280 天算，会有 560 小时之多，差距就是这样一天天被拉开的。要想跟上时代发展的脚步，就必须付出足够多的努力。无论是综合楼还是研究生楼，中楼还是复临舍，抑或图书馆，从来都不缺自习的同学的身影。有时天还蒙蒙亮，远方的岳麓山也尚被雾笼罩着，食堂里就迎来了早起的同学。大家都很努力，我又有什么理由懒惰呢？学校给我们提供了非常好的学习环境，在闲暇时，我经常去图书馆借阅书籍，广泛涉猎，从天文地理，到生物历史，都有涉及，力求拓展自己的知识面。在大一学年，我还参加了"大学生创新性实验和创新训练计划（SIT）"项目，去实验室做实验，在老师的引导下，在实践中我对所学的专业知识有了更加深刻的认识。

入学之初，我便提交了入党申请书，积极向党组织靠拢，参加党课培训，努力学习马克思列宁主义、毛泽东思想、邓小平理论、"三个代表"重要思想、科学发展观、习近平新时代中国特色社会主义思想。时刻追求上进，努力提高自己的思想觉悟和道德修养，希望用正确的理论武装自己的头脑。

人应该全面发展，培养各方面的能力。因此，我积极参加学校、学院、社团组织的各项活动。在学生工作中，我学会了如何和不同的人相处，如何更好地分工协作，增强了自己的组织管理能力和社交能力。虽然一路前行的过程中有许多艰辛，但这些不能打败我的终究会使我更加强大。我们要有强大的内心和坚韧不拔的意志，去抵抗外界带来的压力和恶意，才能以更好的姿态迎接生活中的阳光。在学校运动会上，表现优异的我被评为优秀志愿者。我还曾去周边小学看望儿童，去五一广场地铁站当志愿者服务社会，将共享单车摆放整齐，在路边疏散人群，等等，从而更好地接触社会、了解社会，为社会做出自己的贡献，并增加社会实践经验。

因家庭贫寒，父亲重病，我从小便知生活不易，挣钱艰难，所以生活勤俭朴素，不与人攀比，将钱合理分配，并在课余时间勤工俭学，做家教兼职等，减轻了生活压力并增加了社会经验。在生活上，我积极乐观、待人随和、尊重师长、团结同学、乐于助人，建立了很好的人际关系。平时积极参加文体活动，我会经常跑步、打羽毛球等，增强体魄。我还热爱书法与绘画，喜欢听音乐，偶尔写写自己生活中得到的感悟。

当人行将就木之时，往往会回顾自己的一生。在这浩瀚的宇宙中，你我都不过一粒微尘。人从出生到死亡也不过白驹过隙，弹指之间。仔细想想，我们的所作所为真的对得起自己吗？我希望自己能成为一个俯仰不愧于天地的人，能实现自己的人生价值，尽力做到不留遗憾，为国家和社会贡献出自己的一份力量。

作者简介

王晓晨，湖南大学材料科学与工程学院 2017 级材料科学与工程专业本科生，两度获得国家励志奖学金，也曾获得国家助学金等资助。

民族一家亲

　　中华民族一家亲，同心共筑中国梦。党的十八大以来，以习近平同志为核心的党中央对少数民族群众和民族地区特别关心，对民族工作高度重视，党的十九大把"铸牢中华民族共同体意识"写入党章，推动我国民族工作进入新时代。

　　在以习近平同志为核心的党中央坚强领导和亲切关怀下，各民族在中华民族大家庭中手足相亲、守望相助。青年学子是各民族的希望，他们是初升的太阳，朝气蓬勃，充满着无限的可能，党和国家对他们有着深深的期许，为他们送去殷切的关怀，温暖他们满怀梦想的心田，帮他们凝聚砥砺前行的勇气。将心比心，助学筑梦；以心换心，守护成长。

在岳麓山下起航

万德才让

岳麓山顶旭日的阳光抚摸天地

岳麓山下古老的小路蔓延远方

童真的眼眸里，熟悉与陌生交叉

一片传向四方的诵读经典之声

呼喊着东南西北的莘莘学子

我们从此在这里驻扎

在心中耕耘，在脚下收获

我们来自西藏的雪山下

我们来自新疆的沙漠里

我们来自内蒙古的草原上

我们来自广西的青山中

……

我们用自己的语言

带着家乡的故事

在岳麓山脚下，在湖南大学

相聚在历史伟人的大树下

寻找世界的真理，探索更远的路

千里之行，并非独自便能抵达

湖大是团结的双手，把不同民族的我们

紧紧抱在一起，路上以彼此的故事相互感动

攀登高山，并非徒手便能触摸

湖大是护身的装备，给不同民族的我们

赋予前行的力量，以挑战打造坚硬的翅膀

在保护下团结，在团结中锻炼

最后，一排排脚印两行超越了视线

在大地的各个角落，填充图案

阳光照样从岳麓山上照射

这里的人们，相互微笑

到来与离开

是聆听和创造温暖故事的地点

作者简介

万德才让，湖南大学材料科学与工程学院 2014 级材料成型及控制工程专业本科生，在校期间曾获得国家励志奖学金、国家助学金资助，并作为湖南大学 2018 届本科毕业典礼上唯一的学生代表做发言。曾保研西安交通大学，目前已经拿到美国麻省理工学院核科学与工程系的全奖博士录取通知书。

花开，不只在春天

热孜宛古丽·艾尼

有一种神秘的力量，即使正值"严冬"也能让感恩的种子发芽、生长并开花。感恩党和国家赐予我这份力量——助学贷款。

——题记

感恩的种子深埋心底

我是来自国家级贫困县——新疆维吾尔自治区喀什疏勒县的一名大二的学生。从初中起，我就开始享受国家助学政策，学校免除了学费，并且免费提供食宿。当时，看着与我同龄的几个女孩儿因没考上内初班，在父母的逼迫下嫁了人，小小年纪就开始担起生活的重担，我心里五味杂陈，有悲又有喜。悲的是就在几个月前那些女孩儿们还跟我一样，在校园里欢歌笑语，享受着美好的校园时光，可因一场升学考试就使她们一下子如揠苗助长般"长"成"大人"，担起一家之重担；喜的当然是自己能够顺利通过考试，来到那梦开始的地方——内初班。这件事情对我的影响很大，因此，我当时就立下了一个誓言：一定要努力学习，长大后努力赚钱，帮助更多的学生，不让经济困难成为他们追梦路上的绊脚石。

感恩的种子开始发芽

后来我又考上了内高班（国家为于西藏自治区、新疆维吾尔自治区选拔的一批学生在内地接受高中阶段教育所办的班，简称"内高班"），学校依然包吃包住、免除学杂费，一切都显得那么美好。但是，天有不测风云，高一暑假，我父亲因突发冠心病永远地离开了我们。都说女儿是爸爸前世的小情人，虽然爸爸不善言辞，从不会把"爱"字挂在嘴边，但是他对女儿有一颗炽热的心。记得暑假，爸爸每天晚上下班前都会给我打电话问我想要什么，晚上下班回家会给我带来很多小惊喜；有一年冬天，天特别冷，爸爸知道我从小就手脚冰凉，怕我受苦，他不顾我的反对，毅然决然地坐了两天一夜的火车从喀什赶到乌鲁木齐，直到把冬天的衣物和一些补品亲自送到我手上后，才安心离开学校。回忆就像剥洋葱，每剥开一层，眼泪都禁不住落下来。我一度悲痛欲绝，不吃不喝，还闹着要辍学。内高班的老师们得知我的情况后冒着酷暑，不远千里来我家里，安慰我们节哀顺变，并带来了一笔慰问金，激励我应该要更加努力学习，不负父亲所望。那时的我就像是在黑暗的深渊里见到一缕阳光，根植于内心的那颗感恩的种子悄然无声地发芽了。

感恩的嫩芽在茁壮成长

功夫不负有心人，我把悲痛化为动力，经过三年的奋斗，最终考上目前就读的大学——湖南大学。还记得大学报到的时候，与很多同学不一样，我没有家人的陪伴。母亲目不识丁，从未出过远门，还有家里农活要忙，也不敢多花费一个人的火车费用。因此，我只身一人，从中国最西部城市——喀什，坐三天三夜的火车来到了长沙。那时，接待我的学长学姐了解我的状况以后立马就给我开通了绿色通道，并在入校后帮我办理了家庭经济困难学生认定，这样我就有了一个特殊的身份——受助学生。后来我慢慢了解到国家、学校的各项资助政策，简单概括为奖、助、勤、贷、免、通、惠、偿等，这些政策成为我在校期间学习生活的重要保障。

记得大一下学期，我们班生活委员通知我可以申请学费减免，我当时差点感动得哭了出来。因为我和大弟弟都在上大学，小弟弟还在上小学，作为家里唯一劳动力的妈妈靠农耕挣的几笔钱真的无法承担我们三姐弟的上学费用。但是，在反复考虑之后，我最终没有申请学费减免。理由很简单——我这么多年来的求学之路都是党和政府给我铺好的，我已经享受了太多国家的恩惠和照顾，但如今我已经是一名大学生了，学费可以贷款，等毕业开始工作了，我就能靠自己还贷款。学费减免的机会要留给其他更需要的人。

辅导员老师听到我的想法后支持我办理校园地贷款手续。从此，我的学费就有了保障。在没办理贷款之前，每每想到自己和弟弟的巨额的学费和生活费，我就特别心疼妈妈，甚至还有过退学跟着妈妈一起打工供两个弟弟上学的想法。但是，国家贷款政策就像春风一般，融化了贫苦之霜，让我和弟弟能够安心上学，让我的梦想不再被经济问题所困扰。就这样，感恩之芽儿在"阳光雨露"的滋润下茁壮成长，等到花儿朵朵开之时，我会带着芬芳，将这份爱传递下去！

有句话说得好："对未来真正的慷慨，就是把一切献给现在，你付出的都将是一种沉淀，它们会默默铺路，让你进化成更好的人。"担任班委，锻炼了我的综合能力；素质拓展活动，充实了我的大学生活；参加各类比赛，增强了我的自信心；志愿者和公益活动，培养了我的社会责任感；社会实践活动，提高了我服务社会的能力。在此过程中，我更加深刻地意识到，社会赋予我们的责任重大，我们唯有趁年轻努力学习科学文化知识，掌握真本领，才能报效祖国。

国家助学贷款政策帮助千千万万个追梦人渡过难关，实现了梦想，作为那千万分之一的我，在求学之路上将带着这份感恩之心，努力学习科学文化知识，积极投身到社会实践活动中，在最美好的年纪里活出最漂亮的自己，为实现中华民族伟大复兴的中国梦添砖加瓦。

作者简介

热孜宛古丽·艾尼，湖南大学电气与信息工程学院 2018 级电子信息工程专业本科生。

我的中国梦

——一心向前走

托合提喀日·艾尼

中国梦，是我们每一个中华儿女共同的梦，它也是我们奋斗的目标。

脚下这片土地，是我们 56 个民族共同的大家庭。它经历过无数次的压迫与侵略，苦难与挫折，战争与动乱，但是最终在中国共产党的领导下得到解放并走向繁荣富强。从中华人民共和国成立到现今的七十余年当中，它更是飞速发展，从弱到强，从人口大国变为人才强国，在短短的几十年内，迎来新的时代，震撼了全世界。这样的辉煌成就，离不开我们党和国家的正确制度和各民族兄弟姐妹们团结一心、同心协力的付出。

披荆斩棘，淬火成钢，我是乡村振兴的见证者

小时候的农村，人们大都住着旧房子；出行走土路，交通工具大多数是马车、自行车，偶尔看到的汽车都是新奇事物。在这十几年的时间里，村民出行方式有了很大的改变，之前的土路已经换成干净又平整的水泥路，马车、自行车大都被电动车和汽车替代；曾经的土房子也换成了宽敞的安居房；诊所和医院变得更加先进，人民的医疗有了保障；最重要的，每个村都有了小学，孩子们上学更加安全方便。我见证了乡村的振兴和

发展。

小时候家里经济条件不好，交学费十分困难，哥哥姐姐白天上学、晚上打工，给自己挣取生活费。家里最小的我，虽然初中还没有毕业，但是已经做好了退学准备。这时老师告诉我"内地新疆高中班"政策，只要我努力学习，就能得到去北京免费读书的机会，学费、住宿费、伙食费全免。黑暗的生活出现光明，我打消了退学的念头，开始努力学习，最终考上了内高班，来到了北京。想都不敢想我能在这么小的年纪来到首都北京，接受这么好的教育。感谢国家深入实施"西部大开发战略"，感谢党和国家针对新疆籍学生推出的优惠政策。

精诚团结，和衷共济，我是民族团结的倡导者

实际上，有很少一部分少数民族人民对党和国家的路线方针政策不大了解，虽然从小到大受过很多爱国教育，但在实际行动上缺乏具体表现。甚至在一些多民族居住的地方，有些别有用心的人利用各民族之间的文化差异、习俗和宗教差异，误导青年学生去闹矛盾、搞极端化，造成社会的混乱。我知道，56个民族的文化都是中华民族多元文化不可分割的一部分，我们应当求同存异、相互尊重、相互帮助，我们只有精诚团结、同心发展，才能立于世界，共筑中国梦。而我，作为大学生，有义不容辞的责任和义务。我要做中国政策的宣讲者，中国文化的传播者，中国自豪感的分享者，民族团结的倡导者。

携笔从戎，矢志军营，我是中国梦的捍卫者

中国梦，需要每一个人去共同努力，包括你和我。从军入伍，是我从

小的梦想。我想，如果我能为祖国安宁贡献一份力，哪怕是站班岗，都是为圆中国梦做出了贡献。所以我放下了一切，选择去应征入伍。来到军营，虽然经历了各种不适应和挫折，但是我初心不改。在各民族战友们的帮助之下，我克服了种种困难，实现了从一名大学生到一名合格军人的蜕变。慢慢地，我意识到，强国有我，我强国强。军人天职就是服从命令，听从指挥；义务就是巩固国防，保卫国家；使命就是全心全意为人民服务。军队要坚决跟党走，听党话，因为只有党领导下的人民军队才能勇立世界新军事变革的潮头。这几年以来在党的领导下，国防军队越来越强大，人民的安全有了更强大的保障。这期间，有些人没有认识到祖国的强大，忽视了国家对自己的培养帮助，不满足于现状而搞民族分裂，闹矛盾。我希望我们每一个人都不要受到他们的影响，不信谣、不传谣，要相信搞独立是不可能得逞的，我们人民军队有能力捍卫祖国每一寸土地的完整。

一次参军，则一生是军人。即使我退伍了，我依然还是一名光荣的大学生士兵，爱国的心还如当初一样跳动。我希望我们每个人无论在哪里，从事什么行业，做什么工作，同样都能有一颗爱国的心，在自己的岗位上勤勤恳恳、兢兢业业，努力奋斗，一心向前，为祖国建设、共筑中国梦做出贡献。

作者简介

托合提喀日·艾尼，湖南大学建筑学院 2018 级城乡规划专业本科生。

原来我从不曾孑然一身

马星雨

你若问我孤单是什么，我可能无法跟你详细解释，因为在我生活的这个时代和国家，没有人是一座孤岛。无论是在我人生理想的跑道上，还是实现中华民族伟大复兴的中国梦征途中，我从不曾孑然一身。

——题记

仰望星空，铭记来时路

"你一个人能行吗？确定不用我们送你？"母亲边帮我收拾行李，边皱眉头边问。"哎呀，没问题，相信我。"我信誓旦旦地说。

于是，我揣着一颗忐忑又期待的心，踏上了逐梦之路。

坐在列车上，身边的喧嚣不绝于耳，但这反而更加使我平静：能够进入理想学校，这对如今许多人来说已经是很难如愿的一件事了，平凡如蝼蚁的我，能够拥有这种幸运，一半原因都要感谢国家专项计划以及对新疆维吾尔自治区少数民族学生的帮扶政策。如果不是这份机遇，我恐怕也不会出现在这里，希冀成真，一路南下。当然，为了心中的目标而付出的努力是另外一部分原因，只是我的努力还远远不能够得上我的"野心"。幸好有这一"台阶"，我才相信原来机遇加努力是可以到达理想的彼岸的。

目光所及之处，青山绿水，碧意盎然。牛羊成群，各得其乐，尽显一派生机。中国特色社会主义进入新时代，中华民族迎来了历史上最好的发展时期。生态方面，各地区都有开展蓝天、碧水、净土保卫战，森林面积和蓄积量也都呈现出逐年增长的趋势；民生方面，我国的教育、文化、医疗卫生、社会保障、脱贫攻坚事业全面发展；经济方面，工业化、城镇化、信息化、农业现代化也同步起飞。有人说，如果奇迹有颜色，那一定是中国红。不错，七十余年辉煌巨变，我国从站起来、富起来，最终到强起来，创造了一个又一个人类发展史上的伟大奇迹。"天眼探空""神舟飞天""墨子传信""高铁奔驰""北斗组网""超算发威""大飞机首飞"……一个个奇迹般的工程，编织起人民走向美好的希望蓝图，托举起中华民族伟大复兴梦。科技界，有科学家为研究废寝忘食；交通界，有设计师为图纸呕心沥血；通信界，有工人为线路奔波忙碌，所有人的付出全都朝着一个共同的目标。原来在这条征途中，我们谁都不曾孑然一身。

你若初阳，温暖我心

"到了吗？""找到学校没？"母亲的电话一个又一个。"到啦到啦，你别担心。"我不耐烦地回答。

校车上，我能听出同学当中有来自东北的、广东的，也有维吾尔族、哈萨克族。大家其乐融融，好不热闹。邻座是一个女孩，单眼皮，个子不高，说起话来温声细语，一看就是来自南方的小家碧玉。一问，果然没错。知道我是回族后，眼里顿时流露出惊奇："怪不得你的眼睛好大、好双啊。"我尴尬笑笑。她又道："听说新疆很好玩，可惜我还没去过。"我一听，机会来了，拿出特产，便向她介绍起我们美丽的家乡。不知不觉间，我俩就成了好友。下车后，她笑着说："很高兴认识你，新疆的星雨同学。""也很高兴认识你。"我回答。

从那之后，点点滴滴的温暖如阳光透过林间洒下的斑驳碎影，数之不尽。一次下训后，班助因为时间紧张担心我没吃饭而特意向我介绍附近的清真拉面馆；班主任邓老师查寝时，体贴地嘱咐我有不适应的地方及时找她沟通；心理委员也会找我谈心，送我棒棒糖；中秋节时资助协调的学姐会特意为我将月饼换成牛奶和水果……在这里，我想对所有给予我帮助的人道一声谢，因为有你们，我并不觉得孤单。也因为有你们，我才发现在异乡的我从来不曾孑然一身。

在湖南大学学习和生活的这段时间，我获得了许多照顾。在知道我入学前填了建档立卡贫困选项后，学长学姐们专程找到我并且询问了具体情况，提醒我可以向学校申请国家助学金，有经济上的一切困难都可以找学院老师沟通，大家一起解决。在成功入库以后，我每月都能定期收到补助，有了这份支持，我在学习的路上就愈发笃定自信。在这里，民族团结像是一家人一样互相帮助、彼此温暖。习近平总书记说："做民族团结重在交心，要将心比心、以心换心。各民族同胞要手足相亲、守望相助，共同维护民族团结、国家统一。"我真切地感受到了守望相助的温暖，也重新学习了如何交心、真诚待人。作为少数民族，我有责任最大限度地去团结各民族同学，促进彼此之间相互了解、相互尊重、相互包容；作为新疆人，我有责任呼吁全体同学牢固树立国家观和中华民族共同体意识，维护祖国统一。各民族多元一体，是先人留给我们的一笔重要财富，也是我们国家的重要优势，我们要保持并传承这个优势。可罗马不是一天建成的，伟大事业需要几代人、十几代人、几十代人持续奋斗。等到实现的那一天，你会发现，在这条路上，我们从不曾孑然一身。

志之所趋，无远弗届

"学习上吃力吗？不要荒废时间，早早设立目标，别忘记你的梦想。"母亲语重心长地说。"我明白，妈妈。我有方向，也正在努力，更没忘记来湖大的初心。"我保证道。

在来到大学之前，我本是想心无旁骛地学习，可是现在，我决定再加一项：做志愿者——将这段时间以来接受的温暖传递下去。巴金说："生命的意义在于付出，在于给予，而不是在于接受，也不是在于争取。"我心安理得地接受了这么多，现在我要将它们回报给社会。"道虽迩，不行不至；事虽小，不为不成。"我愿将我的绵薄之力，汇聚到温暖社会的汪洋中。

中国梦关乎着中国未来的发展方向，凝聚了中国人民对中华民族伟大复兴的憧憬和期待。它是整个中华民族不断追求的梦想，是亿万人民世代相传的夙愿，每个中国人都是中国梦的参与者和创造者。改革开放几十年来，全国各族人民手携手，肩并肩，同心同德，劲往一处使，力往一处用，坚守民族平等团结，维护国家统一，创造出一个又一个奇迹。

梦想是激励人们发奋前行的精神动力。当一种梦想能将整个民族的期盼与追求都凝聚起来的时候，这种梦想就有了共同愿景的深刻内涵，就有了动员全民族为之坚毅持守、慷慨趋赴的强大感召力。如果你以为你一直都在踽踽前行，那你就错了。其实，我们谁都不曾孑然一身。

作者简介

马星雨，湖南大学新闻与传播学院 2019 级新闻传播专业本科生，获得国家二等助学金资助。本文获得 2019 年湖南省在湘就读西藏新疆籍少数民族学生"中华民族一家亲，同心共筑中国梦"主题征文活动二等奖。

我们应当有所不同

白玛央金

　　我很幸运出生在这样一个和平年代，并在一个幸福美满的家庭中长大。但我从未忘记如今幸福生活的来之不易，也不敢因生活安逸就忘记怎样去努力。虽说每个人都是一个独立的个体，拥有独立的喜好与思维方式。但是我们曾在无数个日日夜夜中坚守相同的信念，在无数个期盼下拥有不畏挫折与失败的勇气。

　　对于许多藏族小孩而言，到内地上学是改变命运最简单的途径之一，而争取到这样的一次机会需要经历层层考验。在当时，通过了考试却因家里兄弟姐妹无人照顾就选择放弃的人不在少数，而我们这些人能够如愿以偿收到录取通知书，并能真正有幸到内地上学对这些普通家庭而言都是甜蜜的"负担"。当我踏上求学之路时，父亲曾告诉我这样一句话："既然选择走这条路，就应当拼尽全力无所畏惧，家人是你最为强大的后盾。"后来在我无数次想要放弃时，这句话一直激励着我不忘初心、勇往直前。

　　高一，对于许多在内高班上学的学生来说是最难熬的一年。我对那段时光最深的印象还停留在人生第一次坐火车，翻山越岭花费了整整两天一夜的时间在夜幕来临前抵达了学校。还记得到校的第一天晚上，老师让我们打电话给家人报平安。那天晚上，不论男生还是女生，他们在跟家里打电话时都在哽咽，甚至有一个小姑娘还哭着让父母来接她回家。我觉得当时之所以难熬，一方面是内地的气候许多同学都无法适应，另一方面是因为大家都年幼，第一次出远门，对家乡与家人的思念更无法言语。这种身体与心理的考验在当时幼小的我们的内心埋下了一颗名为"坚韧"的种子，并在未来几年里逐渐生根发芽。

而到了大学才发现比这更加残酷的考验比比皆是。对于我个人而言，最为严峻的考验有两个方面。一方面是在我刚上大学时，家中已经有姐姐一个大学生了，而现在父亲需要供读两名大学生，家里的经济负担变得更加沉重。但幸运的是，学校鼓励家庭经济困难的学生申请国家助学金。此外，大家能在学校的勤工助学中心找到工作，这不仅能提升我们的能力，还让我们能够获得一些工资来减轻家里的负担。

另一方面，许多像我一样的少数民族同学确实在学业方面与其他同学相比存在不足。但是我认为，我们在起点上落后于别人并不意味着会一直落在后面。我相信只要努力，哪怕每年只进步一两名，自己都是在变得更加优秀的道路上前进着。虽然一开始努力追赶的过程是艰辛的，但是进步所带来的收获与喜悦也是一种别样的体会。而每每有人将我们与其他同学进行比较时，我的内心深处会有这样一个声音"我们这些从小就离开父母独立求学的小孩应当有所不同"。这里的"不同"是指比起那些在父母身边长大的同学，我们要有更加开放的思想，更为广阔的视野；在对未来所要追寻的理想上，我们应当更能体会到父母与国家的期望；在经历人生中的挑战与挫折时，我们应当更加坚韧不拔、不卑不亢。我们应当借着国家给予的优惠政策，在当下，刻苦努力；在未来，努力成为引领少数民族建设的先进人员，以此来报答祖国的培育之恩。

一直以来我都很感激我的祖国，因为国家的教育方针才成就了我们这些少数民族孩子的未来，如果当时国家没有实行免学费和住宿费的政策，我们当中的一部分人哪怕考上也没有这样的经济水平来维持求学之路。所以，作为一群享受了这样优惠政策的学生的一分子，既然已经走出去了就应当要有"硬骨头"，应当抱着"不破楼兰终不还"的决心，哪怕遇到无比艰辛的挑战都应当迎难而上。因为我们代表着的不仅仅是我们个人，还是一个民族和国家的希望。

到了大学我才更加清晰地认识到民族团结的重要性。"民族团结一家亲"这不仅仅是一句口号，它与我们生活的实际联系紧密。只有全国各民族相互团结，祖国才能更加强大安定，而只有祖国强大安定了，人民才不会生活在水深火热当中，所以在坚决维护祖国统一和民族团结上我们有义不容辞的责任。

作者简介

白玛央金，湖南大学法学院 2018 级法学专业本科生，曾获得国家助学金。

中华民族一家亲　同心共筑中国梦

迪丽努尔·吐尔干

8月24号，从遥远的新疆维吾尔自治区阿图什市来到长沙，旅途疲惫加上对陌生环境的不熟悉，让我的内心充满不安。然而烈日下学姐学长、辅导员老师第一时间的热情问候、学校的绿色通道、爱心礼包、宿管阿姨的笑容，让我顿时放下心来，感受到了家的温暖，因此我真心感谢在这个校园里遇到过的每一位朋友，包括我的室友、同学、老师，有了他们的帮助，我才能如此快地适应新生活。

来到湖南大学，我发现自己的普通话水平很差，跟别人讲话很难让人理解，但好在大家都很包容我，教我发音和语法。学好汉语是我的愿望与目标，我明白我需要更加努力，在学习方面更加要下功夫，多向身边的优秀同学学习，才能说出更流利更标准的普通话。

我时常想，没有党和国家的优惠政策，我怎么能到这么好的大学来上学，怎么能交到这么多的朋友，怎么能遇到这么多优秀的同学？湖南大学的老师们知识渊博、和蔼可亲，我在课堂上能学到很多知识，这些都让我欢欣不已。

不让一个学生因家庭经济困难而失学，是湖南大学对全社会的庄严承诺。因为学费凑不够不知道该怎么办时，辅导员告诉我可以申请缓缴学费，我开心极了。学校建立包括奖学金、助学金、国家助学贷款、勤工助学、困难补助、学费减免等在内的资助工作体系，实现了对家庭经济困难学生资助 100% 覆盖。我上大学以来除了能收到学校每个月发放的 530 元国家助学金外，还有冬衣补贴、流量补贴、路费补贴，元旦、冬至还能收到各种爱心礼包。就这样，学校的资助给了我安全感，给了我往前走的力量，使像我这样的困难学生有了改变命运的希望，我从心底感谢学校和国家。

新中国成立七十余年来，愈发强盛。没有强大的祖国，就没有今天的幸福生活。还记得小时候我们住的房子特别破旧，下雨天会漏水，奶奶生了病也没有办法去医院看病，我读小学时穿的衣服都是表姐表哥的衣服。教学方面一个老师教所有的课，普通话是我在小学 4 年级时才开始学的，那时候上学也是件很艰难的事情，没有交通工具，需要走一个多小时才能到学校。国家有变化，城市有变化，我的家乡也有变化。改革的春风使家乡面貌一新，使人们面貌一新，国家帮我们盖了富民安居房，交通、水、电都很方便，经济条件明显提升，不愁穿不愁吃。还记得家里买第一台电视的时候我和弟弟特别开心，后来我们家有了第一辆摩托车、第一部电话、第一台冰箱……这些我都记得清清楚楚，当时的开心无法形容。政府一直着力于改变乡村面貌，改善新疆维吾尔自治区人民的生活，我们一家人也见证着家乡的变化。

爷爷是一个经历了中华人民共和国成立之前的多种辛苦日子的人，所以他最清楚今天的幸福生活是来之不易的。小时候，我喜欢爷爷给我讲旧社会和新中国的不同，转眼间，我也长大到大城市上学，现在明白，祖国真的已经很强大了，我在心里不断地赞叹着祖国的成就。

谢谢您，我亲爱的祖国！谢谢您，我敬爱的党！是您让我实现了大学梦，是您让今天的学生能更幸运地接受、享受教育，是您支持着贫困的学生走好求学路，我会在这来之不易的美好生活里好好学习、不负青春，为了实现自己的梦想，继续奋斗！

作者简介

迪丽努尔·吐尔干，湖南大学环境科学与工程学院 2019 级环境科学与工程专业本科生，曾获得国家助学金，获得"优秀志愿者"称号，多次参加社会实践活动、省级志愿活动。

每一个不曾起舞的日子，都是对生命的辜负

加依娜·艾见

我是加依娜·艾见，来自美丽的新疆维吾尔自治区乌苏，就读于湖南大学工商管理学院会计学专业。今年是我研究生学习的第二年，也是我担任少数民族兼职辅导员的第一年，下面我想以这两个身份谈谈我在湖大这个大家庭的感受。

研一开学时，学院的辅导员就加了我的微信，亲切地询问我的学习和生活情况。在学习上，我作为一名少数民族学生，渴望通过研究生阶段的学习获取更丰富的知识和能力，虽然刚开始成绩不是很理想，但我并没有自暴自弃，通过付出比其他人更多的坚持与奋斗，不断超越曾经的自己。我的导师一直耐心地指导我的学习和学术研究，当我比其他同学进度慢时总是细心地为我解答困惑，时刻感染和影响着我，激励着我在求学路上前进。在生活上，导师也给予我无微不至的关心和帮助。导师还买来我家乡的馕赠予我，对于一个土生土长的新疆人，怀揣着对于家乡的思念远赴他乡求学的我来说，十分感动。

研二开学的时候，我同寝室的学姐们都毕业了，陌生的环境加上学习压力让我内心非常焦虑。于是我找到夏提老师，向他倾诉了我的困扰，夏提老师给我提了很多建议并帮我调整到了同班同学的寝室中。现在我每天

都和舍友们一起学习生活，并且养成了良好的学习生活习惯。我在得到来自学校和辅导员老师们的关怀关爱时，心怀感激之情，也想将这份爱延续下去，回馈给更多像我一样远离家乡来到我们学校求学的少数民族学生。于是我立即报名参加了学校少数民族兼职辅导员的招聘。在经过面试培训后，我成为一名少数民族兼职辅导员。这对我来说是一种激励，它激励我百尺竿头，更进一步，在平凡的岗位上更加努力学习与创造；同时也是一种教育，教育我学会感恩，因为个人的成长从来都是与他人、与社会的帮助分不开的，而我所能做的，则是将我所获得的知识和爱传递给身边的人。

2020 年寒假疫情期间，当我看到微信群里社区干部表示操作计算机有困难时，身为党员，我第一时间主动去帮助他们完成相关工作，提高了工作效率，同时为打好疫情防控阻击战贡献了自己的微薄之力。在学校，我积极学习第三次中央新疆工作座谈会精神，参加了"奔跑吧，党旗！"研究生党旗接力赛、抗美援朝战争胜利 70 周年观影活动，及时了解时事。在日常学习工作中，结合自己学生和兼职辅导员的身份，我意识到要把少数民族思想教育工作与日常交流相结合，关心爱护少数民族学生的同时引导他们建立正确的政治观念，让更多来自新疆维吾尔自治区的同学在思想上、行动上向党组织靠拢，努力使自己成为一名合格的思想政治教育工作者。

我还有幸参加了湖南省教育厅关于开展少数民族学习教育管理服务的培训，培训中我对辅导员工作有了进一步认识，了解到辅导员需要成为学生成长成才的人生导师和健康生活的知心朋友，学习了湖南师范大学、长沙理工大学等高校的少数民族学生教育管理服务工作的经验方法，在丰富自己理论知识水平的同时，也为今后开展工作打下了坚实基础。同时，我也发现越来越多的少数民族同学在受到国家和学校帮助后发生了巨大的变化，这更加坚定了我成为一名辅导员的理想追求，为学校的教育事业发光发热的决心。

作者简介

加依娜·艾见，湖南大学工商管理学院 2019 级硕士研究生，现任湖南大学工商管理学院少数民族兼职辅导员。

助我展翅飞翔

阿尔曼·亚森江

　　从新疆维吾尔自治区到湖南大学的求学路上，我遇到了许许多多的困难，但是在每次遇到苦难时，我都能得到来自各界的关心与帮助。这些帮助不仅让我能够无忧无虑地在校园里学习生活，更让我感受到了莫大的温暖。因此，我非常感激国家、社会和湖南大学带给我的帮助和鼓励。

　　我叫阿尔曼·亚森江，维吾尔族，2017 年考入湖南大学。能够从西部边陲天山脚下的小镇到千年学府求学，是我父母做梦也不会想到的大好事儿。但是，考上湖南大学对于我的家庭来说是一件喜忧参半的事情。喜的是我是我们整个家族第一个考上大学而且是重点院校的人；愁的是我来自一个贫困低保家庭，每年的收入入不敷出，难以支撑我上大学的费用。

　　高考我考了全镇第一，成绩公布后的几个月里我爸高兴地在邻里之间炫耀儿子是多么让他骄傲，这令我非常自豪。但作为家里长子的我在很小时就体会到了父母的不容易，亲眼见过父亲为了赚一块钱而挥洒汗水时的辛劳，见过母亲为了节省一块钱而讨价还价时的辛酸。为了不让父母压力太大，我从小就从不主动开口问家里要零花钱并且经常在假期里找赚钱的机会。我卖过菜、搬过砖、下过田，自己赚钱减轻家里的负担，看到父母用欣慰的笑容看我时我心里会感到非常开心。但是考上大学时我却没有那么开心，因为大学的学费与生活费是我再怎么努力赚钱也没办法能凑够的，供我上学对于家庭来说是一个难事儿。当父亲拍着胸脯对我说"儿子别怕，就算砸锅卖铁也要让你念书"时，我的心里五味杂陈。

当时的我还没有了解到国家和高校的资助政策，后面我逐渐了解到了生源地贷款、校园地贷款、国家助学金、社会类助学金等多种多样的资助政策，以及像湖南大学针对贫困学生开启绿色通道缓交学费的暖心政策等。这无疑解决了我家的天大难题。我放心地通过绿色通道来到了湖南大学，在辅导员与班级助理的帮助下，提交申请成为一名入库生享受国家助学金待遇。学校开设了许多勤工助学岗位，让我能够在通过自己的劳动赚取生活费时还能够学到一技之长，锻炼自己的能力。我有幸去了后勤与房地产科并在那里做了两年的学生助管，还通过努力学习获得了国家励志奖学金，这些帮助对于我个人来说是永生难忘的。

这些帮助使我不再为了经济问题而犯愁，能和其他同学一样做自己喜欢的事。我参加了院足球队，随队参加了校足球联赛成为院队主力并多次获得荣誉；我担任了年级资助股副股长，协助学院资助部门帮助其他需要帮助的同学们；我参加了湖南大学青年志愿者服务协会项目部，和同学们一起策划了许多次志愿服务活动；我还担任了我们班的团支部书记，积极向党组织靠拢提交了入党申请书，成为一名光荣的中共党员。是国家、社会和学校的无私帮助，使我能顺利入学并且感受了精彩的大学生活。

雏鹰能展翅升空，无忧无虑地飞翔，离不开风的帮助。求学路上走来，我受到国家、社会、学校和许多人的无私帮助，这些帮助我将一直铭记于心。我的大学生活是多姿多彩的，而这些多姿多彩的校园生活经历也让我找到了自己所热爱的工作——留校成为一名少数民族专职辅导员。步入工作岗位后，我定会在岗位上发光发热，用自己的方式报答国家、报答社会、报答母校与曾经帮助过我的人们，我也会在遇到需要帮助的人时伸出自己的双手，延续这份感恩之情。

作者简介

阿尔曼·亚森江，湖南大学信息科学与工程学院2017级通信工程专业本科生，获得国家一等助学金、国家励志奖学金资助，曾任勤工助学学生助管。

助学与我

加德尔阿提·巴合提别克

新疆维吾尔自治区占了中国国土面积的六分之一，虽然有面积上的优势，但新疆维吾尔自治区的经济发展一直不是很好，又因为是少数民族自治区，长时间多民族聚集，大部分少数民族都有自己的语言文字，这对于新疆的教育来说是一个很大的困难。新疆面积之大还使得教育资源分配不均，为了提升新疆农牧区和边远贫困地区教育发展水平，让更多农牧民子女享受到惠民政策，自 2000 年 9 月开始，国家陆续在教育资源相对发达的内地省市开办"内地新疆高中班（简称新疆内高班）"，截至 2016 年秋季，新疆内高班累计招收 17 届 9 万余名各族应届初中毕业生，在校生规模达到 3.8 万余名，农牧民子女录取比例达 77%。2004 年 9 月，为向新疆内高班提供高质量的生源，新疆维吾尔自治区参照新疆内高班办班模式，在乌鲁木齐、克拉玛依等城市开办了"新疆区内初中班（简称新疆内初班）"。而我恰巧既是新疆内初班学生又是新疆内高班学生，对国家关于新疆学生的助学政策感触颇深。

新疆内初班顾名思义就是初中，国家在新疆维吾尔自治区中部发展较好、教学水平较高的城市中选出几座城市，将天山南北的学生通过考试选拔送入新疆维吾尔自治区中部学校进行全日制的寄宿学习。我在 12 岁的时候来到了乌鲁木齐旁边的石河子市，在这里我们的伙食住宿费和学费都由国家承包，这对于家庭并不富裕的我们帮助很大，在这里我们享受着新疆维吾尔自治区最好的教育，也享受到了最好的惠民政策。因为少数民族学生占大多数，所以老师们十分注重汉语言的教学，学校组织的球类、棋牌、舞蹈等社团活动和各类比赛也丰富了我们的课余生活。自新疆内初班开办以来，新疆不断加大对新疆内初班的办学投入力度，到2015年10月已累计投入各项办学经费超过15.4亿元，主要包括基建补贴、教职工专项补助和学生经常性经费等。办班以来，新疆内初班学生平均每年补贴标准从2006年的5 000元提高到目前的8 000元。在这里我没有后顾之忧，可以一心认真学习，努力考上新疆内高班。

新疆内高班全面贯彻国家的教育方针和民族政策，全面实施素质教育，始终贯彻教育工作的"三个面向"和"四个统一"的要求，为新疆维吾尔自治区培养拥护中国共产党的领导，热爱祖国，热爱社会主义，维护祖国统一，坚持民族团结，有理想、有道德、有文化、有纪律的德、智、体、美、劳全面发展，具有创新精神和实践能力，立志献身社会主义现代化建设事业的合格高中毕业生。我通过考试，来到了天津的一所高中，在这里我同样也享受了国家的免费教育，学校不收任何费用，在这座发达的城市里，我们受到了最先进的教育，见识到了自己从未了解过的文化领域。学校会经常组织我们去周边开阔视野，我们去北京看过鸟巢、故宫，爬过长城。这些都是国家助学政策给我们带来的好处。

现在步入大学的我依然受到许多国家助学政策的帮扶，国家的助学政策让我走出了那个小县城，走出新疆维吾尔自治区看到了外面世界的繁华，让我有机会实现自己的梦想，以成为未来建设新疆维吾尔自治区的栋梁之才。心中感激不尽，我会努力学习回报祖国。

作者简介

加德尔阿提·巴合提别克,湖南大学经济与贸易学院 2019 级经济学专业本科生,获得国家二等助学金资助。

成长之路因你而不一样

——心怀感恩，励志成才

布阿提开姆·阿皮孜

每当听到"感恩"两个字时，我的脑海里总是浮现出 11 年来在外求学之路上一幕幕温暖的画面，以及自己在这条道路上坚持不懈奋斗的影子……如今的我，成为千年学府、百年名校的一名辅导员老师，青春正当时，在这里，我又翻开了人生崭新的一页。

祖国的关怀，给予我有力的翅膀，放飞梦想

有党和国家的资助、学校的栽培，我才拥有了一双放飞梦想的翅膀。是这份关怀，让我活跃于校园之中，让我沉浸于知识的海洋里，让我生根发芽，共享春天的美好——致敬我最亲爱的祖国。

小时候我家里经济条件不太好，从小我们家里的五个姐妹都是穿彼此的旧衣服长大的。在一年一次的古尔邦节上，妈妈都会在我们的旧衣服上织一些小花儿，把它们变成我们的"新衣服"。在这种条件下，让家里五个孩子都上学，是我们家最大的困难，全家都为此焦头烂额。这时，我从小学老师那里了解到"新疆内初、内高班"政策，只要我好好学习，就能得到来内地大城市免费读书的机会，学费、住宿费、伙食费全免，这使我

在黑暗的生活里看到了一束光。我开始努力学习，从语言不通，到能够流利说出汉语；从不敢与别人交流交往，到团结友爱地和各民族同学一起生活与学习……克服种种困难，坚持不懈地努力，让我从乡村走了出来，从新疆内初班来到新疆内高班，最终来到了梦寐以求的湖南大学。

考上湖南大学是我们家天大的喜事，但接着面临的学费、生活费、住宿费等费用又开始让我们全家担忧。我带着家人东拼西凑的几千块钱来到学校，胆怯地走到了报到处，班导告诉我："别担心，学校给你开通了绿色通道，会帮你申请国家助学金。学校不会因为经济困难，让任何一个同学辍学。"我感觉到有一双隐形的翅膀开始长在我身上。四年来的国家助学金，减轻了我们家庭的负担；在得知我家的重大事故后，学院领导很重视，将我的情况反映给学校，学校减免了我两年的学费；每逢佳节，学校都为我们少数民族同学安排丰富的联欢晚会，准备节日礼物，让我们感受到了家的温暖；寒冷的冬日，送来冬衣补贴，温暖着我们的心田；学习上，同班同学的一对一帮扶、任课老师的单独答疑，使我们克服种种困难顺利完成了学业。

这双翅膀在学校、党和国家的关怀下，变得越来越强大。这几年来，我在党和国家的关怀下不断成长，从幼稚走向成熟，思想觉悟不断提高。在2018年，我主动提交了入党申请，积极向党组织靠拢，2019年10月，我很自豪地成为一名少数民族党员。作为党员的我更加严格要求自己，在学习与综合能力上一点点地进步。在国家的号召下，我参加了湖南大学少数民族专职辅导员的应聘，以优异的表现被录取，成为一名辅导员。此刻的我是幸运的，也是幸福的，是湖南大学这个平台，老师们的谆谆教诲，学校的关心关爱，是党和国家的博大关怀，让我勇敢地展翅翱翔，实现了梦想。

生活的步伐在一点一点地前行，心在爱与感动的滋润下也渐渐变得敦厚与温和。时光缓缓，生命匆匆，党和国家的资助让我在棉絮般的温暖里尽情书写着大学里不一样的人生篇章。

爱的怀抱，滋润我幼嫩的心房，快乐成长

湖南大学是我第二个家，是这个家让我与你相遇，感受到家人的爱，有你相伴的岁月，总是春暖花开，一路芬芳——致敬我亲爱的辅导员李少珊老师。

我来自遥远的新疆维吾尔自治区喀什，是一个普通农民家庭的孩子。家里有 5 朵姐妹花，我是家里唯一一个 12 岁就离开家在外求学打拼的坚强女孩，每次回家妈妈都会拿最好的给我。每次返校，她还不停地叮嘱我：好好学习，做一个有用的人。我在妈妈的宠爱和鼓励中幸福地长大，直到 2015 年 5 月，幸福就在一夜间消失，妈妈永远地离开了这个世界。身在远方的我，根本不相信这是真的，听到这个消息时，我希望自己的耳朵是聋的；脑海里浮现出妈妈抱我的样子，朝我笑的样子，我希望自己的脑子是失忆的。

突然电话铃声又响起，我什么也听不到，但对方反复打过来——是我的辅导员李老师："你在哪里，在干什么，身边有人吗，我现在就过去……"一个拥抱，一句话——"你还有我们！想哭就哭吧，我陪你；想休息就去吧，我给你假……"她还让舍友和朋友每天都陪着我，不想让我感到孤单；快要期末了，她安排同学为我补习，考前她告诉我："你的坚强，你的好成绩，才是妈妈最想看到的，而不是你的伤心颓废。不要忘记妈妈的话。"是的，妈妈最爱的女儿不是这样的，我擦掉了眼泪。她的拥抱，她

的话语，就像春雨一样滋润着我的心田，鼓励着我从此向前。

是她让我坚强，重新开始：从此我认真钻研，坚持不懈，全力以赴强化专业课程的学习，秉着一天比一天进步的理念，跟进学习进度，更新学习方法，取得了很大的进步，并连续三年获得了国家励志奖学金，此外还帮助周围其他少数民族同学提高学习成绩。日子因有她的鼓励过得充实又有意义，生活也翻开了新的一页。

是她让我接受挑战，勇敢尝试：在她的鼓励下，我担任了校学生会人力资源部干事、班级心理委员、辅导员老师助理、口才与演讲协会的干部、图书馆管理员，我在不同的岗位上扮演着不同的角色，接受了不同的挑战和锻炼；参加"少数民族学生素质提升计划"之"征文比赛""演讲比赛""才艺大赛"，均取得了出色的成绩，磨练出了如今强大的我。

是她让我拥有梦想，靠近梦想：四年与她相伴，我拥有了一个梦想——做一名像她一样有爱的老师。在她的指导教诲下，我如今成为湖南大学少数民族专职辅导员。

人因为有爱，所以温暖，人因为感恩，所以会爱，我将会把这份爱传递给更多的我的学生。湖南大学是我第二个家，是这个家让我与你相遇，感受到了家人的爱。感谢大学四年有你陪伴，滋润我心房，让我坚强快乐地成长。我的大学生活，因你而散发出不一样的芬芳。

感恩之心，激励我奋斗青春，励志成才

感恩之心，千言万语道不尽，唯有发愤图强，努力成为国家栋梁，才是真正的感恩。古语有云"鸦有反哺之义，羊知跪乳之恩"，如果说，爱是人类最崇高的情感，那也是把感恩当成了一种自觉吧。

　　国家给予我的不仅是物质上的帮助，也是精神上的鼓励，更是爱和期望。从学生时代至如今成为老师，我的生活因为有国家这个精神支柱，才变得有声有色；我的青春因为有国家支撑的这股力量，才有了拼搏奋斗的动力。它是一种爱，伟大的爱，是这份伟大的爱让我学会了感恩，让我懂得了什么是爱，我绝不会忘记改变我命运的时刻。在这份爱的阳光下，我想我更应该去努力奋斗，奋发图强，力图让更多的人、更多的我的学生沐浴在爱的阳光下，在不久的将来把这种精神传给下一代，让他们也懂得去感恩，去关心、关爱他人，成为一名受人尊敬，对祖国有所贡献的有用之才，让这份资助更有意义和价值。

作者简介

　　布阿提开姆·阿皮孜，湖南大学少数民族专职辅导员，荣获"2020 年园区学生工作先进个人奖"。

梦开始的地方

艾合塔木·艾克帕尔

光阴似箭，岁月如梭。转眼间，走出家乡来到内地求学和生活已有十年之余。时针倒转，将记忆带回十余年前。

2010 年 8 月，一群稚气未脱的孩子背负行囊坐上了绿皮火车，带着对异乡的憧憬和故乡的不舍，踏上了一段崭新的人生旅途。那是我第一次坐火车，第一次走出家乡，火车穿过茫茫戈壁、层层高山、河流湖泊，窗前的风景从茫茫戈壁逐渐变成一片绿洲，我第一次切身感受到了祖国大好河山的风光。经过三天两夜的长途跋涉，列车广播员的一句"大连站到了"，将我们从祖国的西北带到了东北辽宁，从此，他乡异县成了故乡，老师同学成了亲人。

几辆大巴车将我们从火车站接到了期待已久的学校，看到校门口"20"形状的石碑和写着"大连市第二十高级中学"的教学楼，我们便知道这里就是我们将要学习和生活的地方了。当我们下车时，学校领导、老师早已等候多时，简单的欢迎仪式后，班主任老师将我们带到宿舍安顿好，并介绍了学校的基本情况，老师亲切的话语让我初次离家后忐忑不安的心情逐渐平复了下来，就这样，四年的新疆内高班生活拉开了序幕。新疆内高班的第一堂课就是军训，孤僻内向的性格和陌生的城市，让从未离家这么远的我开始想念家乡和家人。每当结束一天的军训后，我都会独自一人坐在篮球场上看着落日想家。有一天我终于向家人说出想要放弃新疆内高班就读机会的想法，父母安慰并告诉我说："孩子，你现在想离开的地方是多少在新疆读书的孩子们梦寐以求的地方啊。"老师发现我性格内向经常独自一人，便给予了我无微不至的关爱；同学们发现我不擅交际，便主动与我交流给予关心。家人的安慰、老师的关爱、同学们的关心，让我逐渐适应了新疆内高班的学习生活，也彻底放弃了回去的想法。

在四年的新疆内高班学习生活中，看到我们基础薄弱很难适应教学进度，老师们便牺牲自己周末的休息时间给我们补课；看到我们吃不惯食堂里的饭菜，学校领导亲自到新疆维吾尔自治区请来家乡的厨师改良饭菜；看到部分同学家庭经济存在困难，学校给他们发放助学金。有了学校老师们全方位的关心关爱，我们从来不用担心任何事情，只需要努力学习。在这四年里，我们从未为交通费、学费、住宿费、伙食费发过愁，国家的政策让我们花最少的钱享受到了最好的待遇，不仅接受了高质量的教育，开阔了眼界，同时也让我收获了来自不同民族老师的亲情和同学的友情，以及一张大学的录取通知书。

2014 年 9 月，我又独自一人背负行囊来到了千年学府湖南大学，此时的我经历了四年新疆内高班生活的磨练，少了些先前的稚气，多了些成熟稳重。但大学生活并没有想象中那么简单，大学不再像新疆内高班时那样不愁学费和伙食费，而是需要学生自行承担。报到时，迎新志愿者带我申请了"绿色通道"，在顺利完成入学报到手续后，还向我介绍起了国家和学校的各项资助政策，他们告诉我国家助学金、国家励志奖学金、国家助学贷款、勤工助学等一系列的资助政策能确保我顺利地完成学业，让我不必担心。这时我才明白，原来党和国家在不同教育阶段通过不同的方式让我们共同享有着人生出彩的机会，这也坚定了我好好学习争取获得国家励志奖学金的决心。

　　然而，大学的学习生活也并不是那么顺利。由于基础比其他同学薄弱，在学习上我尽管还算刻苦，但还是显得有些许吃力。于是，我将更多的精力放在学习上，每当同学们出去自习时，我也去自习，同学们在寝室休息，我还是出去自习。功夫不负有心人，自己加倍的付出和努力以及老师同学们的细心指导让我顺利地通过了大学一年级所有的课程考试，也幸运地获得了国家励志奖学金。逐渐适应大学生活的我变得活泼开朗，在同学们的支持下，刚入学时内向胆怯不敢竞选学生干部的我在二年级时很幸运地当选为班长，从此，我的大学生活开始变得丰富多彩。在处理好学习和学生工作的基础上，我积极参加学校举办的"少数民族学生素质提升计划"系列活动，并且参与勤工俭学，在学习中和学生工作中不断锻炼自己，提升了自身的综合素质。四年下来，我所获得的国家助学金解决了我的生活费问题，连续三年的国家励志奖学金和勤工俭学工资解决了我的学费住宿费问题，让我度过了无忧无虑的大学生活。如果说，新疆内高班是我梦开始的地方，那么大学就是我追逐梦想展翅飞翔的地方，而党和国家的民族政策以及资助政策便是我那双隐形的翅膀。我很感激党和国家的各项民族政策以及资助政策，也很感谢当年没有放弃在新疆内高班就读的自己，因为是党和国家的民族政策、资助政策以及不懈奋斗的自己才成就了我现在的人生。

　　2018年7月，大学毕业后的我很荣幸留校担任了少数民族学生专职辅导员，从事少数民族学生教育管理服务工作。高校少数民族学生是少数民族地区经济建设的中坚力量，肩负着少数民族地区发展的重任，这让我深感使命光荣、责任重大。我会把对党和国家的感恩之心化为育人工作的动力，承担好立德树人、教书育人的神圣职责，为培养德才兼备的高素质少数民族人才贡献自己的一份力量。相信在党和国家日趋完善的民族政策以及资助政策之下，越来越多的学生定将不负时代重托、不负青春韶华，不懈奋斗、砥砺前行，共同享有出彩人生！

作者简介

艾合塔木·艾克帕尔，湖南大学少数民族学生专职辅导员，曾获"湖南大学辅导员素质能力大赛理论宣讲比赛"三等奖。

四

护航助成长

柏拉图说："教育非他，乃心灵的转向。"人生的道路上荆棘遍布，与其他学生相比，家庭经济困难的学生在成长的旅途中可能要遇到更多的困难和挑战。当他们孤独无助时，有一双手将他们拥入怀中；当他们失落彷徨时，有一双眼给他们温柔注视；当他们病魔缠身时，有一双腿为他们奔忙劳碌。于是，心暖了，灯亮了，天晴了。

有些教育是无痕的——此处无痕，痕已入心；

有些教育是无声的——此时无声，声有回响；

有些教育是无用的——看似无用，用在长远。

资助大爱，助力飞翔

贺 琛

山风吹动松涛，月光泻流石上。
学子踏月夜归，慈母执灯守望。
蹊径霜露惊醒，柴扉幽长向往。

寒窗苦读十载，一朝题名金榜。
黑夜吞没欢腾，愁苦干涸希望。
绿色通道承载，青云助力飞翔。

草根坠入花海，苍白升起霞光。
勤俭减负双亲，公益回馈师长。
关怀传承善美，感恩吹散清香。

厚土滋养树木，绿叶遮蔽阴凉。
长空万里晴朗，雀鸟啁啾歌唱。
国家资助成长，吾辈奋发图强。

作者简介

贺琛，国家二级心理咨询师，高校就业指导老师，湖南大学建筑学院学工办主任。曾荣获全国大学学习科学研究会 2008 年学术年会优秀论文三等奖、2014 年湖南省第三届高校辅导员职业技能竞赛（本科组）决赛二等奖、2015 年全省大中专学生志愿者暑期"三下乡"社会实践活动优秀指导者、2015 年湖南省首届"我最喜欢的青年教师"最具道德情操奖、2019 湖南省高校辅导员年度人物、2020 年湖南省研究生思想政治教育研究与实践先进个人、湖南大学学生工作先进个人等国家级、省级、校级荣誉 20 余项，参编教材 1 部、主持省级课题 1 项、校级课题 1 项、参与省重点社科课题 1 项，发表论文 6 篇。

以爱护航， 见证成长

孙 喆

小勇（化名），一个来自黑龙江省黑河市的农村男孩，在 2012—2016 年曾就读于湖南大学中国语言文学学院。

2012 年 8 月 25 日，他初次走入我的视野，皮肤黝黑、笑容腼腆。

与新生相处一段时间后，我对这个孩子的家庭状况也略有了解。小勇的父亲早逝，在他成长的记忆中只有瘦小的母亲与他相依为命，这对于一个农村家庭而言，艰难程度可想而知。

这样的家庭考出一个大学生既是幸运，也是不幸，学费成为最大的难题，他只能靠助学贷款维持学业。但也许是少年不知愁滋味吧，刚刚进入湖大的他，无忧无虑，常和好友参加各种社团活动。在专业学习和课余生活的天平上，他失去了平衡，大一上学期，在年级 100 人中仅排到了 64 名。

做了这么多年的助学扶贫工作，我发现，其实物质上的匮乏并不可怕，因为国家有一系列的政策，社会上也有许多爱心人士为这些孩子提供保障，不让一个孩子因为贫困失学，不让一份梦想失去发芽的机会。但，真正可怕的其实是精神上的匮乏。

课余生活再多彩，所能带给孩子的充实感和满足感也只能是暂时的，尤其对于一个需要国家的助学贷款才能完成学业的孩子而言。学习上投入不足所带来的空虚和愧疚，家庭现状有待自己改变的压力与无助，让他无法面对母亲，面对老师，面对同学，更无颜面对自己已过世的父亲。

大一下学期的时候，他情绪低落，退出所有社团，也不参加任何活动，上课缺课，躺在寝室。我察觉到小勇的情况，立马约他到辅导员办公室谈心，一番交流后，他对我敞开心扉，跟我讲到了他的家庭状况和学业困惑。

我知道小勇是一个踏实沉稳的男孩，他只是没有找到目标及学习方法。针对他的学业问题，我安排学生对其进行"一对一"帮扶，制定学习目标，督促小勇努力学习。

针对他的家庭问题，我帮助他申请了贫困资助，同时鼓励他申请学校勤工助学岗位。在就业办，作为学生助管的他不仅每月可获得生活补贴，也让他开始寻找到自己在大学中的定位。逐渐地，他的综合能力有了明显提升，就业办老师对其评价也很高。

大二期间，他的成绩明显提升，稳定在年级的前25%，学习积极性越来越高了，规划也更加明确，他要保研，并要提升自身的综合能力，以后能更好地保护和赡养自己的母亲。

功夫不负有心人，小勇连续两年拿到国家励志奖学金，更重要的是他越来越喜欢汉语言文学专业。学院给每位本科生选配一名专业导师，小勇经常找专业导师探讨学业内容，学习成绩不断提高，大三上学期的成绩已提升到年级的前10%。

一切的一切似乎都在变好，可就在大三那个寒假里，小勇的母亲突发脑溢血，家里唯一的支柱倒下，生活再次给了这个男孩一次重击。

刚开始他不愿求助别人，只一个人默默承受，用家里仅有的一点积蓄为母亲进行治疗。随着母亲病情的恶化，治疗费用逐渐增加，他再也无力承担，在花光了家里的最后一分积蓄后，母亲面临停止治疗、听天由命的局面。

他找到我求助，学院立即上报学校，为小勇申请了临时困难补助，也很快将资助发给小勇。

同时，学院面向全校组织募捐，在两周左右的时间里，学院爱心基金共筹集了八万多元的善款，让他没有中断母亲的治疗。

然而，孝心没有挽留住母亲的生命，两个月后，母亲还是永远离开了。送走了母亲，小勇返校时对我说："在学校和学院的帮助下，我没有放弃对母亲的治疗，为母亲尽了最后的孝心，我没有遗憾。特别感谢学校、学院及捐款的同学们，我一定会努力学习，不辜负父母和帮助我的人，也不辜负自己。"

大三结束，学院计算保研成绩，小勇刚好是最后一个名额，我为他感到高兴，这三年来我见证了他在生活的痛苦打击下是如何成长蜕变的。但小勇却对我说他打算放弃读研，想快点去工作，自己养活自己。

我理解他的心情，但还是希望他慎重考虑。我把他叫到办公室，希望他继续深造，读研才能够更好地掌握专业技能，毕业后，也可以更好地回报社会、回报帮助过他的人。

他最终搭上了保研末班车，保送到山东大学文学院。

保研结束后，小勇经常来院学工办帮我做事，他想通过自己力所能及的工作为学院和学校做点事情。

我经常建议他去旅游散散心，他不出声，只是埋头做事，他太坚持了，于是我将情况报给院领导，给小勇安排了辅导员助理岗位，每月有一定的工资补贴。辅导员助理工作结束以后，他给我留了一个纸条，"谢谢学院和老师一直给我鼓励和帮助，尽管在工作中，我遇到了一些困难，但受益是巨大的。我的组织交际能力及实践能力都得到了不同程度的锻炼，我会让自己更强大"。

在最后的毕业季里，他获得了优秀实习生和优秀毕业生的荣誉，走出湖大校门，开始人生的下一阶段。

他在毕业生交流会上这样说："我始终觉得湖大本科四年的意义是不言而喻的。在这期间，我从差等生变成优等生，从一个男孩变成了一个男人，开始懂得责任与承担，也渐渐地明白自己在今后一生中的目标和追求。而在这个成长过程中，学校和学院的相关部门和老师为我提供了巨大的帮助，不仅是物质层面，更是精神层面的。将要离开母校，我有太多情愫要表达，但在这里我只想说，今后我一定要努力使学业有成，有能力去帮助需要帮助的人，将这份温暖传递给别人。"

作者简介

孙喆，湖南大学中国语言文学学院辅导员，本文获得全国高校第四届"助学·筑梦·铸人"主题宣传活动"教师征文优秀奖"。

盛开在草原的薰衣草

田丽靖

　　时光飞逝如白驹过隙，从湖南大学毕业之后的第一个工作岗位就是母校建筑学院的辅导员，对我而言这不仅仅是一份工作，更是一个用情怀和真心去回馈母校、帮助更多人的机会。带着"用真心换真心、用温情点亮梦想"的单纯念头和工作热情，在2017年9月的迎新期间，我注意到了加依娜尔（化名）。

　　她叫加依娜尔，是一个安静的哈萨克族女孩。见她第一眼，映入我脑海的只有一个词：苍白。因为不能提供学费收据，也不能现场缴纳学杂费，她被迎新志愿者从热热闹闹的迎新棚带到安静的学工办公室，想要申请开通新生绿色通道。陈书记和我看着她局促不安地坐在椅子上，低头小声用着不流利的汉语嗫嗫嚅嚅地讲述困苦的家庭情况：四岁丧父，高中时唯一的哥哥因意外车祸不幸去世，从此留下她与母亲相依为命；因母亲文化水平不高又体弱多病，多年来只能靠给人做保姆维持生计；开学之初，家里用为数不多的积蓄为她买了一张火车硬座票，供她千里迢迢孤身一人来到新学校报到，然而身上的生活费所剩无几，撑不过半个月……即使是在很安静的办公区，她胆怯的声音也低得让人听不分明。看了她带来的家庭情况登记表和相关材料复印件，学院马上为她开通了绿色通道，并嘱咐她，国家不会让任何一个贫困学生因为贫困而失学，一定会在即将开始的经济困难新生入库时及时递交申请材料；同时向她介绍了国家的相关资助政策。

军训结束后，大家终于结束了统一作息、统一行动的"军旅生活"，闲聊时间变多，彼此开始熟悉。刚开始上课的第一个月，我注意到，由于这个内向的哈萨克族女孩是第一次出新疆维吾尔自治区，饮食和起居生活都不适应，加上汉语不流利的客观因素，她在自己的班级很难结交新朋友。查寝时，在寝室其他三个女孩儿已经嘻嘻哈哈打成一片的时候，她低头站在书桌的一角，插不上话的沉默尤其让人心疼。那次查寝之后，我把她叫到心理辅导室促膝长谈，从生活方式的调整到人际关系的建立，从学习模式的转变到人生规划的选择，从困苦的家庭情况到以往少数民族励志典型的勉励……我们真诚地谈了很久很久，我发现，她渐渐开始直视我的眼睛，敢于开口聊她的学习困难；她开始微笑，沉思，最后坚定地点头，眼睛亮亮的。从那以后，再见到她，问起她的日常，她会开心地诉说着自己在寝室里的趣事、室友对她的帮助和关怀、她对现在生活的感激和她对未来的希冀。

大学生活，对于加依娜尔来说是十分充实的。她开始死磕繁重的课程，拉着室友复习让尖子生都头痛的《建筑力学》，一字一句细抠晦涩的物理概念，跑图书馆查阅大量辅导资料；之前没碰过电脑的她，逼着自己自学了建筑绘图软件，盯着电脑排版到凌晨四点，连着通宵几夜，终于学会了绘制模型图；她有意识地提高专业素养，拓宽眼界，积极参加学院各类专业大佬举办的学术讲座和沙龙，聚精会神地听讲，认真地做笔记；她报名参加学校民族文化节进行才艺展示，登台表演那一天，作为领舞的她洋溢着自信的笑容，一袭红裙在舞台正中央惊艳亮相，一首《黑走马》曲终，晚会现场响起阵阵雷鸣般的掌声；她积极参与各类班级活动，在班长的帮助下融入和谐友爱的班集体中，认真细致地完成分配给自己的任务……成长的道路不是一帆风顺的，道路上长满了荆棘。经济的贫困只是暂时的，只有心灵富足，才能让一个人不怕吃苦，勇挑重担，用感恩、真诚和努力的态度面对生活的挑战，在困境中愈挫愈勇，倍感快乐。一年来，无论是学业困难还是经济窘迫，她慢慢懂得克服自己的恐慌与畏惧，积极寻找办法解决。她勇于面对繁重的学业压力，而不是像以前那样想法悲观，一个人躲起来抹眼泪，束手无策。

与加依娜尔打交道的次数越多，我越能发现这个女孩子的身上有着同龄人所没有的韧性和坚强。上天让她早年的生活充满不幸，万幸的是，生活练就了她一颗强大的内心，在老师、同学们的鼓励、关怀和肯定下，她越来越阳光快乐，越来越努力，也越来越懂事和心怀感恩。加依娜尔曾对我说，田导，我会珍惜国家和学校对我的帮助，珍惜现在的学习机会和生活环境；我知道只有好好努力，我的未来才有希望，我才有机会实现自己的梦想，我才能给妈妈提供更好的生活。聊到这里，她又黑又亮的眼睛闪闪发光：我会好好努力，五年后回新疆建设家乡！田导，你也来新疆看看吧，我带你去伊犁的薰衣草园，一大片一大片紫色的花海，特别美！

在故事的开头，与其说是绿色通道让加依娜尔得以顺利入学，是国家资助政策解决了她的后顾之忧，从而让她能积极阳光地感受校园生活；不如说是国家和政府重视教育，真正把对贫困学生的教育当作国家发展之本来扶持，用物质和温情，让无数像加依娜尔一样的贫困学子能够追随理想的指引，从生活的伤疤中长出翅膀，在开满薰衣草的美丽草原上尽情飞翔。

作者简介

田丽靖，湖南大学建筑学院专职辅导员、学院资助兼干，曾获"湖南大学2018年学生工作先进个人"荣誉称号。本文获得全国高校第五届"助学·筑梦·铸人"主题宣传活动"教师征文优秀奖"。

那一缕缕春风

张文静

那一缕缕春风，吹过记忆深潭，倒映着年幼无知的我；吹进了闭锁的心房，打开了一个个情感的心结；吹去了浮躁心灵的灰尘，净化了前方的视野；那一缕缕春风，留存着无数个陌生人、亲人、朋友、同学的气息，它拂过我的人生旅途，让我迎来了人生美丽多姿的春天。

第一缕春风，是母亲送给我的，它的名字叫作自立。

小时候，当别的同龄的孩子还躺在母亲怀里亲昵时，我却正在自己捡起床边的衣服，去找要穿的鞋，去梳理蓬乱的头发，去山上砍柴、去田里拔草。没有争辩，没有撒娇，没有哭闹，因为这一切在母亲那里都不会奏效，母亲那冰冷的嘴唇上有的只是："从现在开始，你要自己做。"于是哭过之后，怨过之后，我彻底妥协了，我开始用稚嫩的双手学着自己照顾自己……而今，在我拥有着凡事依靠自己的观念与作风时，回视这一点一滴，一股春风迎面而来，我知道那春风里融进的是母亲的良苦用心，是最理性的爱。

第二缕春风，是现实送给我的，它的名字叫作志向。

周围总会有那么一些人，他比你生活得要好，你比他更辛苦，却总是不如他，这就是残酷的现实，数不清有多少日子，我很愤恨，抱怨不公平。这时妈妈走过来说："是的，孩子，承认现实吧，我和你爸已经没有办法改变我们贫困的生活，但是你可以改变，你要好好读书，生活不会永远这个样子的……"现实的确能够激励一些人，怀揣着改变人生的梦想，我浑身都充满了力量，我不再抱怨这个世界，因为我相信，志向加努力能改变一切。

第三缕春风是自己送给自己的，它的名字叫作良心。

永远都不会忘记那一次我犯的错误，忘不了我把过错嫁祸到朋友头上，朋友在众人面前丢脸的那无比尴尬的神情。很长一段时间，我内心都承受着煎熬，这份煎熬以及后来发生的让我良心不安的事情，都在鞭策着我去做正确的无愧于良心的事，良心的天平让我不断审视着自我，牵引着我去追求一种舒心而不仅仅是舒适的生活。这股春风，是我良心与道德的清醒剂。

第四缕春风，是老师送给我的，它的名字叫作淡定。

在高考前一段时期，接连经历了几次重要考试的失败，我的心彻底掉进了失望的冰潭，我开始否定自己，用最悲观绝望的话来刺激自己，每天都活得无精打采。这时班主任老师找到我说："有些人是在鲜花与掌声中走向成功，然而更多的人是要经历重重浴火的重生才蜕变成凤凰，几次考试没有什么，关键是要调整好心态，你很棒的！"老师的关注与鼓励让我重振旗鼓，信心满怀。老师告诉我，无论面对怎样的结果，辉煌也好，糟糕也罢，用一颗淡定的心去看待它，注重过程，反思结果，这是成功人士的必备素质。这股春风，是我人生中胜不骄，败不馁的镇定丸。

第五缕春风，是朋友送给我的，它的名字叫作无私关爱。

初来大学，远在他乡，羞涩的口袋让我有着恐惧、孤独与紧张不安，然而，学校全方位的资助及国家无息的助学贷款给了我支持和后盾，同学、朋友毫无保留、毫无索取、真诚无私、热情友善地为我指明前进的方向……这些照亮了那段灰暗的日子，也酝酿成了一段最美好的回忆。在异地，一个人总免不了迷茫与彷徨，甚至是失去方向，但是老师、同学的一举一动，是承载着真诚与大爱的温暖的春风，是我无法用词语来形容的沉甸甸的美好的感受。

第六缕春风，是周围的所有人送给我的，它的名字叫作追求。

在精英荟萃的大学里，高手云集，强者如林，平凡的我在这里或许只是一株不起眼的小草，然而，周围这些优秀的人的耀眼光芒笼罩着我，让我无比羡慕。于是我激励自己努力向他们靠近，在他们经验介绍的一次次讲座中，我看到了他们优秀的背后那些不为人知的辛酸与汗水，以及坚持不懈、愈挫愈勇的优秀品质。这些榜样是唤醒我斗志力量的春风……

还有很多很多其他的一缕缕春风……

这些"春风"伴随着我走过了多少个春天，不管是在怡人的时候，还是在湿寒交迫的日子里，一路走来，我有过怨恨、嫉妒、狭隘、自卑、虚伪、浮躁与自私，然而这一股股春风——那些最亲最真的人的一言一行吹走和抚平了这些阴暗与偏激，将温暖和谐的阳光照进了我的心中，让我拨开云雾看到了晴天，让我明白了成功与付出、心态的关系，更重要的是，让我学会了感恩，学会了汲取心灵的真善美的甘霖。

这个世界有雨天，也有晴天，有阴暗，也有阳光；人生，有失意、不公，但也有善良、温情，什么样的心态决定了什么样的人生视角，决定了选择什么样的路和看到什么样的风景。是的，如果我们想要一个多彩而充实的人生，那么，不管我们身在何方，处于何境，我们都要拥有一种积极乐观的心态，要相信自己的命运把握在自己的手中，我们此刻的付出决定了将来的结果与收获。

人生变幻无常，有志得意满的高峰，也有失败彷徨的低谷，要相信，这些都是再平常不过的了，每个人都有这样的历程。所以，不要为暂时的失落而怨恨、自卑，我们应带着教训和反省继续前进；不要为偶尔的不公而懊丧、怨天尤人，我们应该继续使自己变得强大；也不要为目前的一点成就而骄傲自满，我们要谦虚务实地向上追求。

人生有很多很多值得我们珍惜的人，他们的出现让生活变得精彩与美妙。所以，学会感恩吧，也要懂得给予与回报他们，让这个世界在爱之链下变得更加美好。

那一缕缕春风悠然吹过我的记忆，我的耳底。这一路的风景，让我在自立中寻找坚强，在流水中找到堤岸，在清泉中沉淀躁动，在阳光中享受生活，每天面对太阳微笑，感谢生活，快乐生活。

让我们也都试着成为那一缕缕春风吧，铭记受到的恩惠，去播撒我们的阳光，去照耀更多的心灵，让春风吹遍世间的每一个角落。

作者简介

张文静，湖南大学经济与贸易学院辅导员。

以爱为轮　助力成长

李玉翠

　　像春风沐浴花朵，国家资助政策帮助无数学子圆了大学梦。在14年的高校辅导员职业生涯中，我曾见证了众多贫困学子在国家资助政策下成长成才，李媛（化名）就是其中一位。

　　2012年8月，李媛收到湖南大学的录取通知书，然而这却让李媛和家人无论如何都高兴不起来。在开学报到前夕，李媛母亲忐忑地拨通了学院学生办公室的电话，焦虑又带着点哭腔地诉说着女儿的情况：李媛在高三时被确诊为双侧缺血性股骨头坏死，右侧已到三期，左侧较轻，左右两侧腿长相差两厘米，强忍着疼痛坚持到高考，高考后的第四天在医院做了腿部双侧的手术，需卧床休养3个月，且以后很长一段时间都要坐在轮椅上，无法按时报到入学，家庭经济十分困难没钱交学费……在了解到李媛的情况后，辅导员一边耐心地安抚李媛及其家人，一边向学院汇报，及时跟学校相关部门沟通协调，帮助李媛办理了延迟报到手续，邀请李媛加入班级QQ群，并在学校宿舍十分紧张的情况下为她争取了一间一楼的宿舍供她和陪读母亲居住。这让李媛一家倍感温暖，李媛也慢慢卸下了思想包袱，安心养病。

　　2012年9月20日，李媛出院之后坐着轮椅来校报到。当天下午新生班导就推着坐在轮椅里的她到操场，让她正式成为军训场中最特殊的一名学员。此后，李媛每天都会被同学推着轮椅来到军训场，坐在轮椅上旁观同学们军训，她的心变得充实了。在军训结束后的第一次班级晚会上，全班同学特意为她精心安排了一个特别的环节，邀请坐在轮椅上的她来到舞台中央，与大家齐声合唱《爱，因为在心中》，并送给她一束美丽的鲜花和一个充满爱的许愿瓶，瓶里装载着班级每个同学写下的真挚祝福和期望留言。那一刻，被全班同学包围着的她绽放出了久违的灿烂笑容。

　　"我该怎么去上课"是军训结束后李媛最担心的事情。当时她只能坐在轮椅上，无法行走，学习、生活都需要人帮助才能完成。从学生公寓到各教学楼的路程约2公里，常人都要走20分钟，而且到达上课教室还经常要上下楼梯，仅靠陪读母亲一人的力量显然是不够的。这时，辅导员积极组建爱心团队，班级全体同学都积极报名参与，爱心团队分成小组，每天由4名男生和1名女生组成，负责轮流背着她上下轮椅、一路推着轮椅送她进教室上课和回宿舍，无论酷暑还是严冬，就这样一直坚持了两年。大三时她开始慢慢依靠双拐支撑行走，爱心团队继续一起跟随护送，时刻在她的身边提供必要的搀扶与帮助。为了缓解她的精神压力，节假日的时候，爱心团队的同学们努力让她多接触外面的世界，带她在桃子湖吹秋日凉风、在湘江河畔看烟花盛景、在潇湘国际影城观影、在岳麓山看四季风光等，受到帮助的感恩，帮助别人的快乐，洒满他们的大学时光。这日复一日充满爱的往返，保证了李媛的学习，促进了李媛的康复，也加强了班集体的团结，促进了同学们的交流，让全班凝结成一个团结友爱的大家庭。毕业前夕，李媛和她的班级分别以"爱，让我坚强"和"爱与奉献"为主题参加了"青春风采——湖南大学优秀学子先进事迹报告团"，她顽强求学的事迹、其同学尽己所能帮助他人的行为，以及他们那种"自强不息""感恩之心""爱与奉献"的精神，深深感染和激励着很多同学。

李媛父母均为农民，有姐弟三人，姐弟先后上大学。为了她手术治病家里已经背上了债务，后期的康复治疗费用高，母亲要陪读没有收入来源，仅靠父亲种地和外出打零工获得微薄收入补贴家用，家庭经济一度陷入困境。为了帮助李媛缓解家庭经济压力，学院对其采取了个人资助与家庭扶助相结合的办法：一是用好助学政策。根据她家庭的实际情况，将其纳入学校贫困生库；大一因其入学延迟错过学费减免申报，为此特别为她单独申报特困生补助名额；大二至大四对其学费进行了减免；大学期间在助学金方面也给予了其适当照顾，她先后获得了多种助学金，如国家助学金、白芳礼助学金、太阳慈善助学基金等。二是开展家庭扶助。根据她母亲在校陪读没有收入的情况，联系学校后勤部门聘用她母亲在学生园区宿舍做清洁工；后来因她母亲不慎摔伤腿部影响爬楼和做重体力活，又调整她母亲到学生宿舍楼做管理员；她父亲在她弟弟考上大学后也来到长沙照顾她，又聘用她父亲在学生园区宿舍做清洁工，并为她父母申请了学生宿舍园区房间免费居住，解决各种生活困难。这样她父母既能陪读、照顾她，又能就近工作。

　　这样，李媛迈过一道道生活、学习和精神上的坎，不仅心态变得阳光，而且学业也取得了较好的成绩。本科四年先后获得校单项奖学金、校二等奖学金、校"助学·筑梦·铸人"主题征文三等奖等，顺利完成学业并被免试推荐攻读本校硕士研究生，一年后又成功申请硕博连读，攻读博士研究生，还光荣地加入了中国共产党，公派德国交流学习一年，人生迈上了一个又一个新的台阶。

　　资助育人，资助是手段，育人是目的。在资助育人过程中，要从"大水漫灌"转向"精准滴灌"，推进精准资助，坚持"一把钥匙开一把锁"，助其志，扶其能，形成"解困—育人—成才—回馈"的良性循环。

作者简介

李玉翠，湖南大学物理与微电子科学学院辅导员，曾获五江辅导员奖教金、湖南省研究生思想政治教育研究与实践先进个人等荣誉。

爱心传递不远万里，齐心协力战胜病魔

周　梦

绿色通道，畅通求学之门

吾买尔·艾比不力，经贸学院 2008 级国际经济与贸易专业 1 班学生，来自新疆维吾尔自治区吐鲁番市高昌区胜金乡胜金村一个贫困的维吾尔族家庭。父亲在他年幼时就因病去世，只靠母亲务农来供养一家 7 口人，4 个哥哥均为农民，他们没有技术，仅靠十几亩薄地种植葡萄来维持家庭的基本生活，家里还有一个弟弟在念高中，贫困的家庭根本无力支付高额的学费。2008 年 9 月 2 日，吾买尔·艾比不力独自一人背着简单的行李来学校报到，学校了解到其家庭经济状况后，为其开了绿色通道，减免了他所有的杂费，送给他一个爱心大礼包，解决了他的床上用品问题，同时还资助他 3 000 元现金，解决了他一个学期的生活费。同时，同意他学费缓交，等入学后通过校园地的国家贴息助学贷款来解决，这样，吾买尔·艾比不力顺利地进入学校学习。在贫困生入库时，学校为其申报国家特困助学金 3 000 元，还为其申报了新疆维吾尔自治区政府的助学金 1 000 元，学校每学期还为他发放 600 元的返乡交通补贴，这一切为他能顺利在校完成学业提供了基本的经济保障。在日常的学习和生活中，学校学工部主管少数民族工作的领导和老师经常关注他的各方面情况，学院主管学生工作的副书记和辅导员定期与其交心谈心，及时解决他生活和学习中碰到的一些问题。吾买尔·艾比不力同学自己也怀着一颗感恩的心努力学习，积极参与各项活动，不断提高自身综合素质，希望学成之后回新疆建设家乡。

多方捐款，托起生命希望

天有不测风云，2011年8月底，正在家里度假的吾买尔·艾比不力同学发现身上老长痘，而且总不见好，于是就到家乡医院去检查，不幸的是，他被查出了患有白血病，这就像晴天霹雳，愁云笼罩着这个本就贫困的家庭。当学校得知这个信息后，要求其立即住院治疗，费用问题学校会想办法联合社会各界共同来资助，吾买尔·艾比不力同学住进了新疆维吾尔自治区人民医院开始治疗。学校刚开学，学院召开专门的教师大会，并发动2008级同学，第一时间在全院师生中为吾买尔募捐资金5万多元。吾买尔所在的国贸1班同学在校内也发起了捐款倡议书，这个集体的43名学生在望麓桥公寓前摆展台为吾买尔募捐。学院将募捐到的8万多元钱立即转到了吾买尔的账上，使他能及时交上治疗费用。同时，学院和班级同学通过微博、人人网、QQ群等互联网渠道发布吾买尔的生病信息，以寻求社会各界的支持。一时间，吾买尔同学生病的消息被很多媒体转载，当时，刚从湖南省调到新疆维吾尔自治区任区委书记的张春贤在得知这一消息后，非常重视，2011年9月15日，张春贤书记委托自治区党委常委尔肯江·吐拉洪带领自治区教育厅、团区委等相关负责同志专程到医院看望吾买尔同学，并送去了各方筹集的近20万元医疗金，新华网新疆频道、中国广播网、凤凰教育频道、117文章网等对吾买尔的病情进行了报道，新疆维吾尔自治区的高校学生和乌鲁木齐市民纷纷加入了捐款行列，又为其筹得资金10万多元，为其骨髓移植提供了资金保障，只等配型成功就可完成手术。学校和学院一直关注着吾买尔同学的病情。

2011年10月，吾买尔同学转院到北京大学人民医院进行治疗，10月25日，受学校和学院的委派，经贸学院党委副书记高近成和辅导员周梦前往北京大学人民医院专程看望吾买尔同学，为他送去学校和学院的临时困难补助2万元，并送去了学工部领导、学院领导和08级国贸1班的全体学生及学院所有新疆籍的少数民族学生为吾买尔录制的祝福视频，吾买尔和其家长都非常感动。在看视频的时候，吾买尔和照顾他的母亲几度哽咽，感谢湖南大学、感谢经贸学院师生为他们提供的帮助和关心，感谢在学院师生的大力宣传下，社会各界为他们筹措到了手术的费用。在知道老师要前往医院看望吾买尔的时候，他母亲在出租屋就提前做好了请两位老师吃一顿她亲自做的新疆特色饭的准备，她觉得这是她目前唯一能表达他们全家对学校、学院和老师的深深谢意的方式！两位老师在他和母亲的挽留下，与他们一同吃了一顿原汁原味、带有浓浓谢意的新疆家常饭。临行前，吾买尔的母亲与周老师拥别，再次感谢学校的关心，感谢学院老师不远万里专程来看望她的儿子，表示儿子成才以后一定会回报学校，回报社会。

2012年1月4日，吾买尔在北京人民医院成功地做了骨髓移植，学院安排同学分批去看望吾买尔，给他鼓励，同时学院和同学们继续通过网络和媒体渠道为吾买尔的后期治疗筹集资金，网易新闻中心、张家界在线等对吾买尔的病情进行了报道，社会各界人士都非常关注，纷纷捐款并送去祝福。2012年7月，病情好转后他又回新疆维吾尔自治区人民医院做康复治疗，2012年底回到家中休养，定期到医院做复查治疗。虽人在医院，但老师和同学的关心让他迫切地想回到学校继续完成学业，他觉得这样才是对社会、学校、老师和同学的最好回报。2013年8月底，吾买尔病情基本稳定，在征得医生的同意后他在母亲的陪伴下回到学校继续学习，在校期间，学院的老师和同学尽最大的努力在学习和生活中给予他鼓励和帮助。2014年6月，他修完了所有的学分，通过论文答辩，顺利地完成学业。

感恩回馈，扎根基层服务

毕业后，由于身体没有完全康复，吾买尔就在家进行休养。休养期间，身体状况好一点的时候他就做一些力所能及的公益活动，如帮助身边的孩子学汉语，给孩子们上辅导课等。2015年9月，吾买尔身体状况好了很多，他就在吐鲁番市高昌区胜金乡乡政府做了一个月的"三支一扶"志愿活动，得到了当地政府和群众的一致认可。2016年9月，吾买尔在新疆维吾尔自治区吐鲁番市高昌区胜金乡胜金中学的小学部当了一名光荣的人民教师，任一年级的班主任并承担数学教学任务。在工作中，他耐心细致，尽职尽责，班级管理到位，教学质量好，得到了家长和学生的高度评价。

在学校、老师、同学和社会的大力帮助下，吾买尔战胜了病魔，站上了三尺讲台，当年的帅小伙变成了一名坚韧的男子汉、一名优秀的教师。他希望用自己的知识、才干去培养、帮助他人，让孩子们得到更好的成长，以此来回报学校和社会。

作者简介

周梦，湖南大学经济与贸易学院辅导员，曾获"2010年普通高等学校辅导员年度人物"入围奖、湖南省第二届大学生艺术展演活动"优秀指导教师"、湖南省普通高等学校辅导员工作研究与实践"先进个人"、湖南省大中专学生志愿者暑期"三下乡"社会实践活动优秀指导者、湖南大学第二届"师德标兵"、湖南大学"优秀共产党员"、湖南大学"优秀党务工作者"、湖南大学"优秀教师"、湖南大学"学生工作先进个人"等系列荣誉。

追光吧， 少年

苏雅倩

2019 年，我刚刚毕业留校，在培育自己多年的母院担任研究生辅导员。

7 月，我才办理完入职手续，他就敲了敲门，蹑手蹑脚地走进了我的办公室："老师，我……我想和您聊聊可以吗？"其实我很早就认识他，在我的印象中，他是一个十分自信与洒脱的阳光男孩，成绩优异，积极开朗，在班级和学生会中都担任着学生干部，各方面综合能力都很突出，因此也获得了支教保研的机会，是一个拥有很多"高光时刻"的学生。但是这一次的见面，却打破了我对他以往的认知：面色黝黑，身材瘦小，白衬衣微微泛黄，也许是天气炎热，他的额头上还挂着几颗晶莹的汗珠，声音里透露出些许胆怯，但眼神里却饱含着坚毅与期待。

在交谈中，我和这个"传说中的学长"距离慢慢拉近了些，我才知道原来"高光时刻"的背后也有着很多不为人知的故事。

他来自江西瑞金的一个小乡村，家中还有四个姐姐，父母亲没有固定的工作，一家人依靠父母在村里开的小卖部生活。父母虽是农村人，却深知"知识改变命运"的硬道理，因此总把"一定要供孩子上学，让他们出人头地"这句话挂在嘴边。但五姐弟的学费以及一家人的生活费终究给这个平凡的农村家庭带来了巨大的压力，日子是拮据而又困难的，他作为家中最小的弟弟，没有恃宠而骄，反倒懂事得令人心疼。他从不像城市里的孩子一样任性地向父母讨要着各种好吃的、好玩的，也从不抱怨自己总捡姐姐们的旧衣服穿，他比班上的任何一个孩子都刻苦，最后也是通过自己的努力，以不错的分数考上了湖南大学，他走出大山，离开那个拥有无际稻田、蔚蓝天空的乡间，来到湖南长沙，开始了全新的求学生涯。

大学是考上了，但是学费怎么来呢？他说，高中的时候，他就知道有"国家助学贷款"，他暗暗下决心，一定要考上心仪的大学。然后申请助学贷款，上学期间勤工俭学赚生活费，不给家里添负担，家里的四个姐姐都在上学，父母承担不起这么重的经济压力。

红色的录取通知书，仿佛一道光，照亮了他原本灰蒙蒙的生活。国家的资助政策，更是那一束最璀璨的光芒，让他有了梦圆麓山的机会。

他说："从拿到录取通知书、成功申请了助学贷款的那一刻起，我就知道我是带着使命来上学的，所以我本科的时候很努力，也很积极地参加学生工作，希望能够为学院和学校贡献一点自己的力量，帮助到周边的同学们，也算是慢慢地回报学校、社会和国家。"

他本科四年，的确付出了超过常人的时间与精力，他在课余时间里，担任学生干部服务师生，做家教赚生活费，获得了"优秀团干""优秀毕业生"等荣誉，还拿到了奖学金，缓解了家庭的经济压力。2018 年，他加入湖南大学第二十届研究生支教团，和其他志愿者一同前往山区支教，把知识的曙光送给大山里的孩子。2019 年 7 月，完成志愿服务后他回到学院继续攻读硕士研究生。他调侃自己是"刚下山"的人，所以又黑又瘦。

他说，一年的支教生活，让他爱上了教师这个岗位，他不知道自己作为金融专业的学生，以后是否还有机会以"老师"的身份继续投身教育事业，对未来目标的不确定性给了他第一份焦虑。其次，自己花费了一年的时间在支教上，虽然十分充实且收获满满，但更为现实的是自己比同届的研究生同学年长了一些，中间又间隔了一年的学习时间，他十分担心自己没有办法融入这样一个全新的集体里。再加上自己家庭条件的特殊性以及研究生高昂的学费，他又开始为家里的经济负担而担忧了。

我和他谈了许久，从高考前的梦想谈到对未来生活的憧憬，从本科时候的经历谈到对研究生生活的规划，他其实足够优秀，也一直都有清晰的目标，只是身份的再次转变以及环境的变化给他谱了一首小插曲，他需要一些认可和鼓励。我给了他一些建议，例如主动参加班级干部的竞选，积极参加班级活动、党支部活动等，发挥他在学生工作方面的优势，融入新集体。关于家庭的经济压力，我向他介绍了相关的资助政策，建议他办理展期，继续申请国家助学贷款以减轻学费的压力；同时，我还推荐他到学校担任学生助管，在一定程度上缓解了生活费的压力。聊罢，他如释重负地离开办公室，他说："老师，我不会让您失望的，我相信我自己。"

现如今，他担任着班级的班长，同时还担任学院的研究生助理辅导员，在学习、工作、生活等各方面都表现得十分优秀，还获得了"优秀研究生干部"称号。

眼看研究生生活即将过去大半，他开始认真思考有关职业的选择了。那天晚上，他再次来到我办公室，十分诚恳地和我说道："老师，我想和您一样，成为一名高校辅导员，以自己的青春点燃更多学子的青春，像我的辅导员陪伴我成长一样陪伴更多的学生成长，我觉得这是一份光芒闪闪的职业，您能给我什么建议吗？"

黑夜和白天不断交替，再黑暗的夜晚也总有天明的时刻。如果觉得黑夜太漫长，那就努力去追光吧，少年！

作者简介

苏雅倩，湖南大学金融与统计学院辅导员，曾任学院研究生党总支书记、研究生会指导老师，负责学院研究生日常管理、党建工作、研会工作的开展，连续两年获评"湖南大学招生工作先进个人"，所指导的研究生会获评"湖南大学十佳研究生会"。

筑梦者， 引路人

张 娣

我是一名本科生辅导员，从事学校资助工作已经两年多。在湖南大学学习生活了五年多，虽然从事工作时间不长，但这一两年的工作让我更加深刻地认识到立德树人、帮助困难学生树立信心、完成学业的重大意义。这五年来，我曾因为家庭经济困难而感觉大学之路荆棘丛生，但仍然顽强地做人生路上的筑梦者；也在留校工作之后，选择从事学生资助工作，努力成为一个帮助更多家庭经济困难学生清除障碍的引路人。

五年前，从高中领回一个红色信封后，村里就炸开了锅，"我们村出了第一个大学生"，这个消息很快在村子里沸腾了。我仿佛成了全村的希望。第二天晚上父亲母亲在村子里摆了个小宴席，宴请村里的干部们和邻居们，大家都纷纷夸我"有出息了""终于走出去了"。父亲高兴得合不拢嘴，但是马上脸上就又布满了愁容："这学费还不知道能不能凑齐，看我这身子骨也不行，要趁着这个暑假好好干，赶紧把娃的学费凑齐，我们可不能拖累娃啊。"我生在一个清贫的农民家庭，祖祖辈辈面朝黄土背朝天。在我高二那年，父亲在工地上施工时，不幸从三楼坠落，在医院抢救了三天，经过住院接受一个多月的治疗后总算是捡回了一条命，但是他永远失去了左眼，也伤了腿，身体再没有从前硬朗。母亲又因为遗传性冠心病，常年服药，高额的医药费就已经让家里入不敷出，弟弟妹妹年纪尚小，家里的重担，最终还是落在了父亲的肩膀上。

那天晚上，我坐在床上，握着手中的录取通知书，眼泪一直止不住地流。这是我走出大山的唯一机会，我一定会好好珍惜，但是这高额的学费还是成了我迈不过的坎。这时我注意到新生入学手册里面的资助政策宣传页，里面的"助学贷款"几个字像一束光照进了我的心房。第二天我就和母亲到县里咨询政策，并郑重填写了助学贷款申请书。这笔贷款，对于寒门学子来说，它给予的帮助远远超出了它本身的那份价值。我也第一次体会到了国家的那句"不让一个学生因家庭经济困难而失学"不是一句空话。入学以后，从助学金，到奖学金，再到因母亲做手术学校发放的临时困难补助，我受到学校全方位的关怀，我的心里也暗暗承诺，未来我一定要回馈这份恩情。

2017年冬天，学校开始面向全体国家奖学金、国家励志奖学金获得者招募"资助宣传大使"，当天晚上我激动得难以入睡，直到早上起床将申请表递交上去，心里才踏实下来。我知道，回馈国家和学校的时候到了，我一定要把资助政策带到更深的大山里，让更多的寒门学子和我一样都能把握住这难得的奋斗机会。那一年寒假，我坐了2个小时的汽车，徒步1个小时，终于去到了我的走访对象家中。她的家里父亲卧病在床，母亲一个人撑起了全家，家里还有个刚刚上小学的弟弟，而她正在村里的香菇棚里面收香菇，她说这样可以帮家里挣点钱。她是大学刚刚入学一学期的新生，学费是家里的亲戚凑出来的，除此之外，家里不能给她任何帮衬，在学校里她利用课余时间出去做家教，虽然辛苦，但是她很知足，因为她和我一样都知道山里的孩子读书不容易。我向他们一家全面介绍了学校的政策后，也和他们分享了我的受助经历，希望能够给彼此更多的勇气，也希望能够通过国家的政策缓解他们一家的压力。

2018 年夏天，我通过了学校的大学生综合素质推免，顺利留校成为一名辅导员，也正式开始了我的资助工作生涯。我实习后的第一件事，就是用自己大学期间勤工助学和实习的工资还清了所有贷款。每年新生入学前，我都会仔细查阅每一个学生的家庭经济情况，和有需要的学生及家长通过电话进行一对一交流，向他们详细介绍国家及学校的资助政策，并鼓励他们通过国家助学贷款来减轻家里的经济负担。新生入学后，我会在讲台上，向全体新生再次全面介绍我校的资助政策，我相信每一次的资助政策宣传，都有可能让台下一些同学得到帮助，从而改变命运。

我得益于国家助学政策的阳光雨露，从国家助学政策的关注者、享受者到如今的宣传者、推动者，从过去国家助学贷款的受益者到如今国家资助政策宣传的践行者，从曾经渴望顺利读完大学的筑梦者到如今为新生答疑解惑的引路人，一路走来，我深知国家这一意义深远的青年助学政策其中的真正内涵和特殊韵味。

作者简介

张娣，湖南大学建筑学院 2016 级、2019 级本科生辅导员，高级就业指导师，从事资助工作两年。本文获得全国高校第七届"助学·筑梦·铸人"主题活动"教师征文优秀奖"。

树摇树， 云推云

胡东阳

"教育就是一棵树摇动另一棵树，一朵云推动另一朵云，一个灵魂唤醒另一个灵魂。"

——题记

2015 年 6 月，高考分数公布后，为了报一所满意的学校，胡杨（化名）坐了 5 个多小时的大巴，到省会城市参加招生咨询会。每问完一所学校，他都会加问一句："学费多少？"问到湖南大学时，招生的老师笑着说："学校的学费大多是 6 500 元，有困难的话可以办助学贷款，比较困难的开学后还可以申请助学金，学校奖学金也是比较多的……"

2015 年 9 月 4 日，胡杨来到湖南大学报到。因为担心长沙物价高，他拎了大包小包的生活用品，在一群群"轻装上阵"的新生中显得很另类。加上天气炎热，刚到报到处他就已满身大汗。也许是看到了这个情况，和胡杨聊了几句后，迎新志愿者礼貌地问起了他的家庭情况，随后帮他申请了绿色通道和爱心礼包，并找了其他三四个学长，帮他把大包小包的行李一块搬到了寝室。

入学之后，虽然有助学贷款解决了学费，学校也发了助学金，但是因为没有其他生活费来源，胡杨在生活中处处捉襟见肘。毕业之后胡杨有一次和他的辅导员聊天，回忆那段生活时说道："家里没办法给生活费，就靠着助学金，每月算下来只有 400 元出头，需要出钱的班级活动都不怎么敢去。记得那时候食堂 1 元的菜一般有四道，蒸蛋、炒白菜、炒豆芽和炒时蔬，每天换着吃。中午和晚上都是吃 8 毛钱的饭，这样可以少吃一道菜，也能吃得饱一点，食堂还有免费的汤……那个时候真不知道以后会怎么样。"也就是在那时，当看到学校勤工助学中心招新，学院的资助助管每个月有几百元的工资后，虽然知道自己没有任何经验，连电脑都不会用，胡杨还是硬着头皮报了名。辅导员被他面试时诚恳的态度所打动，最后决定录用他，而这也成了胡杨大学生活的转折点。

因为没有基础，胡杨刚接触助管工作时只能从基本的学起，一遍遍写文件、审材料、做表格。在这个过程中，辅导员一直耐心地指导，这让胡杨很受感动。得知胡杨的家庭情况后，辅导员多次鼓励他："家里有困难，不要不好意思，随时和我说，我帮你想办法……你一直很努力，不过你要明白你将来的压力会更大，工作上、生活上的挑战会更多，你要有一个足够强大的内心，也要在大学时找到自己的核心竞争力……"在辅导员的帮助和鼓励下，胡杨工作越来越熟练，逐渐克服了自卑心理，成绩也有所提高。大一结束，胡杨拿到了学校的综合奖学金和太阳慈善奖学金，他很开心，既为自己生活费有了保障，也为自己的成长。

大二一年在平稳中度过，大三时胡杨再次获得了综合奖学金，并获得了勤工助学优秀个人称号。关于自己的未来，在经过深思熟虑后，胡杨下定决心考研，过起了早七晚十一的生活，但命运却在这时和他开起了玩笑。大三暑假，胡杨父亲被确诊患有严重的慢性病，需要住院治疗。母亲生活不能自理，之前一直由父亲照料，如今父亲也病倒了，胡杨顿觉不知所措。那时的他正处在考研复习的关键时期，但家庭的重担并没有给他其他选择，他只能放弃已经准备了大半年的考研，这也意味着放弃了读研的机会。不仅如此，如果有需要，他可能还需要休学一段时间回家照顾父母……

关于胡杨的故事并没有结束，但让我们先看另一段故事。

黎臻（化名）来自甘肃，个子很高但身形消瘦。入学前因为村里发生了泥石流，道路堵了几天，他差点没能赶上报到。

入校后，学校通过校园卡消费情况发现黎臻每天都在食堂吃饭，但是平均消费额很低。辅导员知道情况后和黎臻聊天，黎臻不好意思地笑着说："因为食堂的荤菜比素菜贵，所以自己一般都是吃素菜。早上会吃一个包子两个馒头。馒头只要 5 毛，肉包要 1 块，吃一个包子两个馒头，这样可以吃得饱一点。""这样可以吃得饱一点"，这句似曾相识的话让辅导员突然回想起往事。辅导员眼眶湿润地跟黎臻说："家庭有困难，不要不好意思，我帮你想办法……"随后辅导员和学校资助管理中心说明了情况，学校悄悄地往黎臻的卡里打了笔钱，帮助他缓解生活压力。

生活的压力减小了，黎臻同学明显开心了不少，脸上的笑容变多了，也能更专注于自己的学习。通过他自己的努力，大一学年结束时，他的成绩突飞猛进，达到了申请国家励志奖学金的要求。填完申请材料后，他开心地跟辅导员说了句："谢谢老师！我继续努力，争取保研。"

读到这里，你们应该能够猜出，胡杨就是我本人，而黎臻则是我所带的 237 名学生的其中之一。在大三那个灰色的 9 月份，我在辅导员的建议下报名了学校的综合素质推免。得益于辅导员三年来的言传身教，我顺利通过了笔试和面试，获得了本科毕业后留在母校做辅导员的机会。之后，父亲的病情得到了有效控制，学校也为我发放了临时困难补助，帮助我解决了生活困难。

如题记所言，在《什么是教育》中有这样一段描述：教育就是一棵树摇动另一棵树，一朵云推动另一朵云，一个灵魂唤醒另一个灵魂。作为一名曾经的受助学生和现在的辅导员，这两个身份、两段经历让我对这句话的理解更加深刻，所以我一直把辅导员工作当作一个用真心和实意去帮助更多人的机会。得益于国家对教育扶贫的重视，一棵树摇动另一棵树，终有松涛阵阵；一朵云推动另一朵云，终有云奔潮涌。

作者简介

胡东阳，湖南大学材料科学与工程学院辅导员。

交往·交流·交融

——一名少数民族学生的成长故事

金　晶

党的十九大报告强调："全面贯彻党的民族政策，深化民族团结进步教育，铸牢中华民族共同体意识，加强各民族交往交流交融，促进各民族像石榴籽一样紧紧抱在一起，共同团结奋斗、共同繁荣发展。"对于辅导员来说，少数民族学生教育管理工作是一大挑战，也是一种磨砺。而我在初入职场第一年，便遇到了我的第一个少数民族学生——S 同学。

交往：做大学生活的主宰者

2017 年 9 月 1 日是 2017 级本科生入学的第一天，那天我忙完东方红广场报到工作回到办公室处理新生绿色通道事务。不一会儿门开了，两个男生一起走了进来，其中一个 Z 同学，之前报到时看到过，另一个有着一张异域风情的脸庞，看得出来应该是少数民族同学。看到办公室的老师们，他有些害羞，脸上却始终带着微笑。Z 向我介绍："老师，他叫 S，来自新疆，是我的室友！"S 随即用略带口音的普通话接道："老师好，Z 帮我搬了行李，还带我过来找您，我从新疆过来，坐了很久的火车，是一位同在长沙上大学的学长和我一起来的。""你好呀！我是你们的辅导员 J，希望未来可以跟你们一起走过四年，大家互相关照!"他微笑着说好，又害羞地低下了头。就这样，这个来自新疆维吾尔自治区的柯尔克孜族小伙子，爱笑又害羞的模样给我留下了深刻的印象。

在大一第一学期，我利用每周查寝的机会，与S同学保持交流，得知他在2017年10月参加了首批党课学习。在学期结束与他交流时，我肯定了他的成长与进步，在问到未来目标时，他没有了之前的迷茫，反而是笃定地对我说："老师，以后我一定要读研!"

交流：做先锋模范的带头人

第一次谈话时，我了解到S的家乡克孜勒苏柯尔克孜自治州是国家政策的受惠地区，他本人能够从新疆内高班考到湖南大学也得益于国家政策。于是我通过他的感恩意识引导他寻找机会回馈社会、报效祖国，鼓励他以一名共产党员的标准要求自己。S成为2017级第一批入党的13名同学之一，通过上党课、参加团日活动、社会调研活动，对于党的理论知识、国家国情有了更深层次的了解。在2019年第一次党日活动中，他展示了自己家乡的风土人情，并用自己的语言讲述了家乡在国家政策的支持和党员干部的奉献下发生的巨大变化。那一刻，我在他清澈的眼神中看到了感恩与自豪。

通过多次与S交流，我发现他对于之前未接触过的课程的学习上有较大困难，特别是C语言和积分变换这两门课程。了解到这一情况后，我私下与他的好朋友W同学交流，请他在自习时以提问的方式多帮助S理解知识点。当然，与大部分同学一样，S在大一时遇到了学习与社团工作难以平衡的问题。虽然第一次机考成绩尚可，但是期中考试时遭遇了滑铁卢，我引导他主动思考为何会出现这种情况。他仔细回顾后，终于发现是自己的时间管理出现了问题，因为课余时间大多数用在了各类新生杯比赛中，为此消耗了不少体力和时间。从那之后，他开始做好时间计划表，保证最基本的学习时间，并做好学习和文体的精力分配。我欣喜地看到，他从主要依赖老师课堂到现在有计划地自主学习，获得了2017—2018年度国家励志奖学金。

交融：做民族团结的践行者

从第一次深入交流后，我就了解到 S 有突出的文体特长，为了帮助他树立自信心、提高交际能力，每次有文艺演出或者体育比赛时，我都会鼓励他参加。而无论参加什么样的演出，S 都会认真对待，努力地去把民族文化展现给观众。入学伊始，我鼓励他加入了院足球队、排球队、田径队、艺术团，其中他在排球校联赛中取得第三名。大二时他主动请缨参加2018年省运会啦啦操比赛，获得花球啦啦操第二名。S 还积极投身于形式多样的志愿者活动和实践活动。2018年下半年，学校老师组织去隆回县白水洞村做扶贫工作，S 与学校老师一起，为贫困户分发了生活用品，代表学校代表党组织完成了这项工作；大一大二暑假寒假回家，他也会到村委会帮忙做入户工作，了解村民的基本情况，提高了交流能力和做事效率；参与国旗下讲话和"亮剑"活动，并作为2018年国家励志奖学金获得者担任学校资助政策宣讲大使，回到家乡为村民和学生介绍了国家和学校对于大学生的各类资助政策。S 在实践中深入了解并理解国家政策，以一名大学生的身份为村民传递了新思想和正能量。大四毕业之际，他通过自己的努力签约了世界500强企业——中建新疆建工（集团）有限公司华东分公司。

高校是各民族交往交流交融的重要阵地，是落实国家资助政策和进行民族团结教育的主要平台。S 同学大学四年在国家资助的帮助下，与不同民族的室友、班级同学、社团同学交往交流交融，在他身上实现了各民族美美与共的理想。

作者简介

金晶，湖南大学电气与信息工程学院辅导员，2019 年 2 月至今，分管电气与信息工程学院资助工作。曾获湖南大学教学成果奖、湖南大学成长辅导案例大赛二等奖、长缆电工科技奖教金、学生工作先进个人等荣誉。

草原上的星辰与暖阳

王 欣

2020 年的春天，相比以往，显得格外漫长，新冠肺炎疫情的爆发，打断了爆竹的喧哗热闹，阻断了公路上的车水马龙，一座座城市仿佛被按下了暂停键，安静得只听得到人们的呼吸声。

"河南发现确诊病例，上海发现确诊病例，广东发现确诊病例……"电视机里不断更新着这场疫情的最新进展，确诊人数不断攀升，波及的省市不断增加，医生、护士、警察、军人、社区工作人员……越来越多一线工作者奋不顾身地参与到这场没有硝烟的战争中。而作为一名高校辅导员，我又能做些什么呢？建立通信台账、提醒每位同学疫情防控注意事项成了我每天的主要工作之一。但尽管如此，有一些同学的状态，我却始终放心不下。

祖国西北边陲的阿图什市在前不久刚经历了一场 5.2 级的地震，地震波及范围不大，但是一个叫作沙合白克·木尔扎的男孩，却未能幸免。

沙合白克·木尔扎是阿图什市哈拉峻乡的一位柯尔克孜族少年，我的一位入库贫困生，他全家人以放羊为生。这个假期，他如期赶着羊群来到了他熟悉的草原上，而那个供他临时栖息的老房子，却不幸因为地震成了危房。他眼睁睁看着施工人员推倒了他这个赖以栖息的家。

转眼疫情扩散到了新疆维吾尔自治区，刚从地震的突袭中反应过来的白克，又接到了封路的消息。少年赶着他的羊群踏上了哈拉峻的流浪之旅。在飞雪的新疆大草原上，夜幕中陪伴少年的，除了点点星辰，就只剩下了四面来风的帐篷。

了解到他的情况后，我立刻联系学校帮助他办理了临时困难补助；在当地政府的帮助下，少年得以借住在一位老乡的土坯房里。学校的帮助和老乡的热情缓解了他的燃眉之急，给了他渡过难关的希望，他终于不用再过挨饿受冻的日子。夜幕降临，少年如星辰一般的眼眸和他头顶的星空一样灿烂。

然而日子一天天过去，新的难题接踵而至。开学，在这个特殊的时节里，成了每个学子最关心的话题。疫情一刻没有消退，学子返校就无法推进，但是教育不能等人，课程还要继续。怎么办？线上教学！线上教学成为疫情期间解决学习问题的主要方式。然而对于这个学习机会来之不易的少年来讲，如何在网络信号微弱的地区开展网课学习，是比温饱更亟待解决的问题。

没有无线网络，手机信号也断断续续，此时的他根本无法跟着学校的课程安排上完一节完整的课。"不让任何一个学生因为家庭经济困难而失学""不让任何一个民族掉队"是党和国家对全社会的承诺，也是我作为一名辅导员的工作原则。为帮助白克不落下课程，学院迅速召集专业课老师、党员同学和学生干部成立帮扶小组，帮助他寻找可替代的学习资料，一人一个科目，一人一个时间段，梳理知识点、准备课程笔记、解答疑难问题……就这样，少年晨起暮归，和他的羊群一起，伴着明黄色的灯光，开始了白天一边放羊、一边看视频，晚上趴在床边补作业的网课学习生活。尽管条件艰苦，但这个柯尔克孜族少年的脸上露出了久违的笑容。

一时的困难没有击垮少年，反而给了少年开拓进取的精神和知恩图报的品质。少年利用假期时间和北京大学同学组队，参加科技创新比赛，荣获北京大学科技创新挑战赛三等奖；开学后，少年虚心向老师同学请教，将落下的课程理解弄通，回报老师同学对他的支持和帮助；少年全面发展，继承了新疆人民能歌善舞的特质，成为各大校园晚会的常客，还主动参加啦啦操比赛，为学校斩获多项省级荣誉；为了让更多人知道国家的资助政策，帮助到更多的人，少年发挥共产党员的先锋模范作用，帮助学校老师做资助政策宣讲，成为一名资助宣传大使。

拯救一棵濒死的树苗，也许只需要一束光。国家助学金、临时困难补助、少数民族帮扶，这些政策，对这个在冰天雪地中孤苦无依的少年来讲，是点亮他艰苦求学路的一束光，漫长寒冬里的一个暖阳。

他是不够幸运的，出生在一个资源匮乏的贫困村庄，从出生开始，他能够得到的教育条件就相对落后；但他也是足够幸运的，生在这个伟大的时代，党和国家的少数民族政策，给了他来到新疆内初班、新疆内高班接受更好教育的机会，少年把握住了这样的机会，通过自己的努力，来到了湖南大学求学。从他和我的交流中，我能够强烈地感受到他对于这来之不易的求学机会的珍惜，也更加理解了他对于疫情期间国家资助政策和学校对他帮助的感恩。现在的他即将完成学业，正式步入社会，他选择了中建新疆建工（集团）有限公司作为他的就业单位。"去基层，去到祖国最需要的地方，做对祖国发展有用的事！"谈起选择这份工作的初衷，少年如是说道。

少年的成长，不止是他自己的成长。在少年身上，我看到了自己的每一个行为对于他人的深远影响，认识到辅导员誓词中"情系学生成长，做好良师益友。为培养社会主义合格建设者和可靠接班人而努力奋斗"的深刻内涵，这也让我更加坚定了扎根于辅导员工作岗位上的这一理想信念。

少年从草原走来，改变的是他愈发坚定的目光，不变的是他眼底的星辰和一路指引他前进的暖阳。你看，那理想的火炬正在少年的手中熊熊燃烧，从少年手中传向更远的地方。

作者简介

王欣，湖南大学电气与信息工程学院辅导员，本文获得全国高校第七届"助学·筑梦·铸人"主题活动"教师征文优秀奖"。

步履不停　与爱同行

邹　昶

　　著名的战地记者罗伯特·卡帕曾说过："如果你的照片拍得不够好，那表示你离得还不够近。"如何做好学生资助工作，真正把工作做到学生心上，把关怀送到学生身边，也许每个学校、每位"资助人"都有不同的方法和经验，但我们选择了一个"笨办法"——走进学生的家庭。近五年来，我和我的同事们利用寒暑假期时间，先后前往了新疆、西藏、贵州、云南、江西、湖南多个省（自治区），走进了百余户家庭经济困难学生的家庭，把党和国家的政策送上他们的家门，把学校的关心传递到他们身边，也在这一段段旅途中深受感动和教育。这一段段路途中的笑脸、温暖和希望，也成为我人生中最宝贵的财富。

路　　途

　　也许出乎大家的意料，在走访家庭经济困难学生的过程中，交通并没有给我们带来太大的阻碍。当然，贵州的崎岖盘山道、新疆的茫茫戈壁以及导航上1公里的直线距离可能意味着几个小时的崎岖小路还是给走访带来了些许的挑战，但无论走入多么偏僻的山村，村村通公路、家家亮明灯的景象还是带给了我们不小的震撼，让我们不得不为祖国的繁荣昌盛由衷

"点赞"。但畅通的交通并不意味着求学之路的顺利，受限于地理条件和地方经济发展水平，大山里的孩子为了求学仍然付出了许多城市里孩子无法想象的艰辛。

"老师你看那边，以前我家就住那里，"家住在云南会泽的学生指着几乎已经被云层遮盖的大山顶上的一个小黑点告诉我们，"现在有异地搬迁脱贫的政策，政府在这边给我们分了房子，我们就搬下来了，以前都要走下来上学。"虽然他说得云淡风轻，但是从他指的那个山头开车到他家现在这个镇上我们都开了足足一个小时，我们根本无法想象他是怎么坚持日复一日、风雨无阻地从家里走到学校的。像这样的例子，在走访的过程中还有很多，每当我们抱怨路太绕、路不好时，想起我们脚下的路正是这些孩子们每天要走的求学之路，也是实现他们梦想的攀登之路，我们就再也不会觉得这段路途有多么的难了。

笑　脸

与我们预想的也不同，尽管我们总是选择最偏远、最贫困的学生家庭去走访，尽管在出发前我们已经从学生的资料和老师的口中了解到了学生家庭遭受的诸多磨难，但我们几乎从没在被走访的学生和家长脸上看到过失落。被走访的学生总是早早在村口等着，看到我们就高兴地挥手迎接，学生家长总是在我们一进门就拉着我们的手，连声不迭地表示感谢，还满眼笑意地跟路过的同乡介绍："这是我儿子的老师，来家访的，对，大学的老师。"

生活的苦难也许在他们的手上磨出了厚厚的老茧，但是命运的不公却从没有打垮过他们积极的心态。每当我问起他们还有什么困难，需不需要我们帮助时,听到最多的回答就是"感谢政府啊,现在政策好,吃穿不愁,我们自己再努力干一点就好了""谢谢学校的关心,只要孩子在学校听老师话就好,我们再坚持几年,等他毕业就轻松啦"。准备了一大堆安慰的话,总是派不上用场,这也成了我们走访组"甜蜜的遗憾"。

温　暖

"穷人家的孩子早当家",几乎在我们走访的每一个家庭,都上演着这样的励志故事。在云南走访时,有一个学生发给我们的地址是昆明市区的某个小区。起初,我们还很奇怪他为什么会住在市中心,到了地方才发现,原来他父母在同乡介绍下在市中心的一个物流公司工作,他也过来照顾父母。父母身体不好,只能干干守仓库的轻活,他就主动跟老板沟通,帮忙装卸、搬运,晚上还兼职去做家教,尽管一家三口挤在不足 10 平方米的板房里,但屋里洋溢着满满的团聚的温暖。

这样的故事,在走访的每天都在上演。有的学生平时看上去有些"高冷",其实是父母在外打工,自己一个人在家照顾爷爷奶奶、弟弟妹妹,每天张罗一家人衣食住行的"暖男";有的学生成绩拔尖拿奖学金拿到"手软",却依然生活拮据,其实是因为他把所有的奖金都寄回了家里,只靠勤工助学的工资保障自己在学校的基本花销;有的学生自幼失去了双亲,靠奶奶打零工抚养大,依然坚强乐观、勤奋刻苦,满墙的奖状是家里唯一的"装修",堆积成山的习题册是家里值钱的"家具"。"没有调查就没有发言权",坐在办公室里对着电脑,家庭经济困难的学生只是一个个抽象的姓名和数字,当我们真正走进学生的家庭、走近学生的内心才会发现,其实他们就是我们身边"最可爱的人"。

希　望

"黑夜无论怎样悠长，白昼总会到来"，最让我感动的，还是这些学生家庭对未来的希望。在每一个被走访学生的家里，我总会问同样的一个问题："孩子在学校成绩还不错，有没有读研究生的打算呀？"原本我的想法是如果父母有顾虑就跟他们介绍一下研究生学段的国家资助政策，不要让他们为经济问题发愁。但每当我问出这个问题时，得到的回答总是"只要娃儿要读，我砸锅卖铁也要送"。

尽管很多学生的父母文化水平并不高，甚至都分不清硕士、博士这些在他们看来"复杂"的词语，但他们坚定地相信，只要愿意读书，将来就会有出息。尽管他们也弄不太明白，贷款、代偿、奖助学金这些有些"专业"的政策，但他们从自己的亲身经历中也深深地体会到了"不让一个学生因家庭经济困难而失学"的承诺。社会上也许有"读书无用论"的杂音，但在他们心中却坚信"知识改变命运"；网络上也许有"扶贫作秀"的歪论，但他们每一个人、每一个家庭都是"脱贫攻坚"伟大战略的受益者、亲历者。

习近平总书记多次强调"扶贫必扶智……阻断贫困代际传递"，每一个学生都是一个家庭希望的种子，帮助他们顺利完成学业走向社会，就意味着一个贫困家庭迎来了幸福的曙光。这一路走来的所见所闻，都让我心潮澎湃，这一路走来的所思所想更让我感觉重任在肩，但是我坚信，有着这样一群乐观积极、励志自强的"小太阳"，未来的道路一定会充满光明和希望。

作者简介

邹昶，湖南大学学生资助管理中心办公室主任，从事学生资助工作5年。

五

勤工励自强

　　"实事求是，敢为人先"是湖大人的精神，"笃学立德，自强不息"是勤工人的理念。湖南大学勤工助学中心，是一个学生自我管理、自我服务、自我提升的集思想教育、经济资助、能力提升、实践创新、公益服务等为一体的多功能综合型平台。培养出一代又一代湖大勤工学子，他们朴实坚韧，不断开拓创新、锐意进取、奋发向上，他们甘苦与共，在组织活动时洞察敏锐、统筹得当，在完成工作时巨细无遗、高效利落。他们深化劳动教育，培养奋斗精神，提升创新创业能力。越来越多的寒门学子，在勤工的大舞台上励志成才！

与勤工

杨晨昱

与勤工初见时，是雀跃；

是对新事物好奇，是越了解越钦佩。

在陌生的领域，在挑灯的夜晚，

逐个尝试，大步向前。

与勤工相熟后，是笃定；

是汲取书本外的知识，是以实践丰富自我。

在老师的指导下，在学长学姐的帮助下，

持之以恒，不畏荆棘。

与勤工相知后，是蜕变，

是更多维的视角，是更广阔的平台。

在多元化的团队中，在彼此支撑的信任下，

尽情发挥，不留遗憾。

到与勤工话离别，只希望

这四年再长一些，

与勤工的故事再多一些。

待与勤工再相逢，是彼此更美好，

我随勤工成长，勤工亦伴我同行！

作者简介

杨晨昱，湖南大学信息科学与工程学院 2016 级本科生，在校期间任勤工助学中心运营部部长、第十届副总经理、第十一届总经理，现任职于华为技术有限公司。

十载勤工人， 百年勤工梦

林松贤

　　一转眼离开母校，离开勤工助学中心已近十载，昨日之点滴却历历在目，当年一群有情有义的勤工人为了同一个理想、为了同一个勤工梦，以勤工人的精神为核心不断圆梦。一年内先后开辟了德智书屋、自强照相馆、休闲咖啡吧等新的实体基地，扩充了我校勤工助学实体店的规模和实力，为在校学生提供了更多的勤工助学岗位和更贴心更优质的专业服务，为学生园区的文化建设和后勤服务贡献了力量。

　　在勤工的那几年是我成长最快也是最快乐的时光，中心在给我提供一个发挥能力的舞台的同时也给了我更大的锻炼平台，在勤工的这几年不仅磨练了我的意志，提升了我的品格，锻炼了我的体魄，拓宽了我的视野，同时也让我提前融入社会，为将来踏出校园加速融入社会提供了保障和指引，最重要的是在勤工收获了一帮可爱的勤工人的友谊，一份份真挚的革命友谊。2012 年 5 月 6 日勤工主席团小分队相约于衡山露营，这是我的大学时光里的最后一次毕业旅行，也是最难忘的一次。我们秉烛夜谈，共同回忆这几年勤工发生的点点滴滴，一起展望我们的人生之路，一起为勤工的发展出谋划策，一起漫谈未来，那一晚过得很慢，腾飞、佳庚和我一起守夜但却不见疲态，这是我们第一次希望黎明可以晚点到来，希望时间可以定格。在最好的时光遇见最真挚最可爱的你们是我最大的幸运也是我最大的收获，我们相约十年后再聚衡山，再续未了的勤工情。

十载勤工人，2019 年 12 月 21 日，我怀着激动的心情回母校参加勤工的十周岁生日纪念会。十年间，勤工人牢记着"实事求是，敢为人先"的校训，一批批湖大学子，砥砺奋进、顽强拼搏，从无到有，描绘了勤工发展的蓝图；十年间，秉承"笃学立德，自强不息"的宗旨，一批批勤工人，团结一心、奋发向前，从有到精，谱写了勤工建设的新华章。勤工人这十年间的努力让人感动，十年间的成绩取得更让人肃然起敬，看着这么多优秀的学弟学妹，我相信勤工的将来必然会越来越好。

麓山巍巍，湘水泱泱，宏开学府，济济沧沧。湖南大学勤工助学中心一直秉承千年学府"实事求是，敢为人先"的校训，继承湖湘文化"经世致用，自强不息"的文化内涵，以温家宝同志"此时，此地，此身"的寄语为奋斗目标，提出了自己的核心精神——"笃学立德，自强不息"。我坚信在代代勤工人的辛勤付出下，继续秉承"以人为本，资助育人"的工作理念，湖南大学勤工助学中心必将乘风破浪，再创辉煌！十年，于勤工绝不是结束，亦不会是巅峰，而是新的起点，新的征程。百年勤工梦，我们共同铸造。

将来所有的勤工人都会投身社会，继续通过其他的舞台发光发热，要珍惜自己的大学生活和勤工时光，在勤工工作中积极进取、勤于思考、勇于创新、恪尽职守，养成勤劳、善良、勇敢的珍贵品质，平衡好学习与工作的时间，并拾得情谊、收获成长。

加油，勤工人！扬帆，勤工梦！

作者简介

林松贤，湖南大学计算机与软件学院 2008 级通信工程专业本科生，曾任湖南大学勤工助学中心第三届总经理。

勤工情

任豫波

　　高考结束的假期，我的时间除了拿来体验老师所谓的"解放"，更多的是留作畅想大学生活，满是未知的大学生活令我充满期待，我设想着自己未来的无数可能，是会成为熟练地使用精密仪器做实验的那一个，还是每天早晨站在图书馆长长队伍首位的那一个，抑或摆脱众人防守成功进球的那一个……那时最大的惆怅，莫过于心中的矛盾——想时间慢一些，体会假期的欢愉，又希望时间快一些，去体验大学生活的每分每秒。当我遇到勤工助学中心，才发现我的大学生活可以远比想象的更丰富精彩。

初　　遇

　　我与勤工的结识是必然中的偶然。填报志愿时，选择湖南大学，是我心中对改变的渴望给了我动力——我希望离开东北，离开父母温暖的怀抱，在以开放性和综合性闻名的湖南大学，通过接触出身不同、性格不同的学子改变自己，要更自信、更健谈，摆脱内向、玩故习常的性格。因此，我积极在班级竞选了班级委员。而在我接下来准备安于现状时，偶然在天马二区篮球场上看到"菜鸟驿站"招聘通知。"菜鸟驿站"是资助办、勤工助学中心学长学姐共同引入的承载天马园区内部分快递收发功能的实体基地，成立伊始，正在招聘兼职员工。我和室友在互相鼓励之下，填了报名表，通过面试，从此开启了我与勤工不平凡的四年。

　　时至今日，我仍感激这第一份大学兼职，它让我真正体验到了赚钱的艰辛——首先，要牺牲休息时间，当室友在寝室舒服刷剧、玩游戏时，我要按时到店里上班，收快递、摆货架、录系统、发短信等，2小时的上班时间安排得满满当当，尤其是在"双十一"时，更是全员加班都无法应付门口排了几十米的取件学生队伍；其次，接触了很多有趣的人，一起上班的同学来自各个学院、各个年级，取快递的人更是形形色色，他们让我的见闻不局限于小小的寝室、小小的班级；再次，也是最主要的，促使了我与人沟通——要与同值班的人聊天缓解工作上的枯燥情绪，要主动向取快递的同学介绍店内活动，要耐心地向着急的同学解释问题产生的原因并加以解决。"菜鸟驿站"是一个窗口，让我体验到了更丰富的大学生活。

相　　知

　　"菜鸟驿站"的兼职，让我了解到还有一批和我一样的人，怀揣着独立、自强的愿望，在打印店、书店、学府时光、北校活动中心等实体基地靠着自己的努力打造自己别样的大学生活。同时，通过一次内部素质拓展活动，我了解到管理团队的存在——主席团做核心决策，运营部规划实体店运营，活动部筹备内外活动及洽谈外联……经过学长的建议，我向活动部递交了申请，希望能通过活动部的工作，提升沟通和组织能力。

　　在活动部，我参与到勤工的活动组织中，小到配合实体基地完成露天活动宣传，大到中心的春秋招聘；细致如场地申请、桌椅摆放、横幅悬挂，宏观到大型素质拓展的整体策划。每当活动如期举行，看到参与的同学们脸上露出愉快的笑容时，所有为写方案熬过的夜，为申请场地踩湿的鞋，以及为支帐篷挤破的伤口都罩上了一层淡淡的柔光，成为我记忆中一温暖的回忆。

在活动部的第二年，我成功竞选上副部长，承担外联相关工作。相比于当干事时的轻松，这是对我的一次重大挑战。虽然我已有了一年半的兼职经验，但要和社会上长自己十几岁甚至几十岁的人，以平等的姿态谈合作还是头一次。那一年，有自己要管理的小团队，也有更多学长学姐和指导老师的帮助；有扛在肩头、需要冲锋的责任，也有勤工做坚强的后盾；有困难和压力横在面前的惆怅，也有抗住之后回顾过往成长的舒畅。在社会的"摧残"下，我懂得了合作重在互利共赢，年龄不是重点，价值才是。合作之中充分发挥自我价值，自信便呼之欲出。

相　　依

勤工陪我走过的第三年，是她需要我，我也离不开她的第三年。那一年我做了一个选择——放弃院学生会副主席之职，留任了勤工副总经理。

进入勤工两年半，从员工到干事，从干事到部门负责人，每一次身份的转变，我都受益匪浅；从稚嫩到成熟，从涩于言论到从容组织会议，我欣喜于自己的成长。在许多部门小伙伴选择考研或其他原因离开时，我选择留下是希望能为勤工继续奉献自己的力量：举办一年一度的"新生服务站"活动，为新入学的学弟学妹提供便利的生活用品采购方式；完成新一轮春秋新员工招聘，让和我一样的学弟学妹能了解并加入这个优秀的平台；举办"创新创业大赛"，为优质的创业金点子提供展示的舞台；针对各个实体基地现存问题讨论解决方案，提升员工工作幸福感和对外服务质量；举办公文培训等技能培训活动，为员工提供多样的技能学习机会；召开学生代表大会，实现追梦人的梦想，为勤工的持续发展积蓄力量……大三，我每天比准备考研的室友晚回寝室，甚至多次到门禁时间之后麻烦宿管阿姨开门。但这也是我无比充实的一年，每当点开电脑中的"勤工"文件夹，看到改了无数轮的策划书和制度，各实体基地大小活动海报，换届和评奖评优时收到的答辩资料和申请表以及勤工所有活动的照片时，自豪感油然而生！当年我在志愿书上郑重写下"湖南大学"四个字的时候，没想过会有如此丰富的大学生活；我出家门前仍碎碎念"出门在外要小心，不要不敢说话，不要被人欺负"的母亲，也没想过自己的儿子到了大学能如此大变样，如此优秀。

如果大三我不在勤工，不知道那段时光会多么单调和空虚。

相望于江湖

大学的最后一年，我成为总经理，反而清闲了许多。

勤工各单位按要求正常运行，新注入的血液，在"老人"的带领下，出色地完成了一项项任务和带来了一次次营业额的增长。当我穿着西装飞快经过二区篮球场去招聘会时，欣慰地看到"新生服务站"的商品摆放得整整齐齐，穿着勤工文化衫的干事微笑着站在旁边等待新生入场；当我捧着实验数据回寝室准备写毕业论文时，会被勤工书店的书籍促销活动和学府时光的饮品品尝活动吸引驻足；当我在远在千里之外的公司实习，工作群传来春招顺利进行、创新创业大赛成功举办等好消息时，我感到由衷的骄傲；当我离校，拖着行李箱站在学生宿舍门口，看到来送别的那些稚嫩而熟悉的面庞，我内心不舍却步履坚定……

毕业后，通过"湖南大学勤工助学中心"微信公众号，我一直默默关注着勤工的发展。虽然，渐渐的，照片中没有了熟悉的面庞，文字中出现了陌生的名字，但看到那或严肃或欢笑或搞怪的勤工人的面孔，听到那熟悉的活动名称，我心中就有一股暖意。直至勤工的微信公众号并入资助管理中心微信公众号，推文停在了那一句"不要离开，我依旧是你们可爱的勤小工"时，"湖南大学勤工助学中心"微信公众号也停在了我的星标置顶处。

时光荏苒，我已毕业多年，如今的我只希望时间慢些，让那烙印在我脑海中的大学青春岁月慢一些被时间侵蚀。古语云："相濡以沫，不如相忘于江湖。"我却希望能与勤工、与勤工人相望于江湖。勤工给了我成长的平台，给了我"笃学立德，自强不息"的机会，给了我别样的大学生活，让我结识了志同道合的好友，勤工已成为我与湖南大学及勤工人之间的特殊纽带，身处江湖，心心相系，翘首相望。

作者简介

任豫波，湖南大学材料科学与工程学院 2013 级本科生，在校期间曾任勤工助学中心活动部副部长、第七届副总经理、第八届总经理，现任职于深信服科技股份有限公司。

荧光， 也是太阳

吴天忍

最近因为校企合作的事情，我和同事一起去到某所大学做工作汇报，途中见到校园活动中拉起的"勤工助学岗位招聘"的醒目红色横幅，同事好奇地问我："天忍，你大学参加过勤工助学活动吗？"我立即自豪地回答："我何止参加过活动，勤工助学一直贯穿于我的大学四年呢！"说话间，那些关于勤工助学的记忆被瞬间打开了闸门，洪水一般地涌现在脑海中。

高中时期，种种原因导致家庭开支较多，看着父母劳累辛苦的样子心中不忍，想着帮家里减轻一些负担，所以我在高考结束时就帮别人补课提前存点大学的生活费，大一刚入学就在关注着有没有什么兼职的校内工作可以挣到钱。大一一次上课回来的路上，看到天马篮球场上拉起的"湖南大学勤工助学中心秋季招聘会"的活动条幅，我赶紧拉着室友过去咨询了解，拿着传单兴冲冲地回到寝室研究。自强打印社、自强照相馆、天马书店、德智书屋、学府时光咖啡吧……一个个名字映入眼帘，简单了解了每一家实体店的介绍后，我最终填写了天马书店和学府时光咖啡吧的应聘表格。经过好几轮面试，最终成功进入学府时光咖啡吧，这便是我与勤工助学故事的开始。

"欢迎光临学府时光"，亲切真实不夸张的语气，身体和头微微前倾，面带微笑，指引着顾客到自己喜欢的位置就座，耐心细致地讲解饮品的口味和特点；根据同学的需要适当地进行推荐，标注好座位及特殊的要求，点单单据一份留存于顾客桌上，一份收银台留存，一份给咖啡师进行饮品制作，下单付款找零；根据吧台饮品制作完成的铃声提示，稳妥快速地将饮品送至顾客面前，在顾客离开后快速整理好座位、桌面；服务间隙，及时关注到一些顾客的需要，处理一些突发的事件，温馨地提醒和照顾所有顾客的感受，这便是我作为服务生的日常。经常有顾客当面夸我，当时店长夏哥也夸我最阳光和最有亲和力，让我在内部员工会议上分享一下我的"秘诀"，现在细细琢磨发现居然也和现在的工作有息息相通之处，我便也整理整理分享给大家：一是，对岗位的认知和心态。大学里勤工助学不是低人一等丢面子的事情，而是靠自己的付出和努力获得一份正当收入的方式，社会工作中甲方乙方也不应该是戏谑的"甲方金主爸爸和乙方卑微孙子"的关系，而是一种合作共赢的关系。所谓好的服务并不是机械式重复的夸张假笑，也不是不平等的卑躬屈膝，而是如沐春风自然平等的对话，而客户导向也不应该是"您有钱您都对，只要能挣到钱，您需要啥都可以"的无底线逢迎和兜售，应当是帮助客户洞察真实的需求，帮助客户真正成功。有这样的心态和认知才能不卑不亢，凭此所催生出的积极和阳光才会带来沟通和相处过程的舒服和愉悦。二是，专业的技能。对于饮品名称、口味特点、价位的掌握是技能，体贴入微地揣摩出客户的潜在需要是技能，及时响应、灵活地处理客户的突发需求和事件也是一种技能。缺失专业技能而空有好的服务态度，就像外表包装精美的劣质礼品，只会短暂地吸引顾客而不会被长久地认可和选择。现在想来，自己在工作中运用到的一些技巧，也是在那段勤工助学岗位中所获得的，感恩之情油然而生。

当然，我与学府时光咖啡吧的故事可不止这么多。后来，我慢慢从服务员做到了学生店长，招聘面试学生店员，并负责入职技能培训、日常考核和管理、咖啡店的品牌营销和推广等，和一群志同道合的小伙伴一起创办了"员工技能大赛""写给未来的自己""会员日专享活动"等延续至今的活动。在其中我收获的不只是组织策划、统筹管理、协调沟通等能力的锻炼，还有大学里真挚纯粹的感情，更有一个一天天进步和不断美好的自己。

待在学府时光咖啡吧的三年，是自己找寻自己、帮助自己和在有限范围内服务的一段美好回忆。而让我拥有更广阔的视野、对勤工助学有更深刻的理解并且拥有更多帮助别人的机会，则是湖南大学勤工助学中心学生团队给予的。

学府时光咖啡吧是湖南大学勤工助学中心的一家实体店，勤工助学中心学生团队不仅要经营管理实体店，也要以勤工助学为中心开展一系列的活动。它与其他校级组织的不同，就是在于其初心——"笃学立德，自强不息"，要让来到这里的每一个学生都能够有机会自立自强，同时也要通过他们汇聚在一起的力量创造更多的机会给更多也想要自立自强的学生。还记得人山人海的春季与秋季招聘会上，为实体店招聘员工的情景；还记得园区秩序维护、餐厅卫生打扫、冬日棉衣捐赠等公益活动，还记得第一届"麓山杯创新创业大赛"，让有创新创业想法的学生一展风采；还记得勤工助学中心五周年的晚会，浓浓的勤工色彩和感情流淌到现在。这里虽然有指导老师，但是他们充分尊重学生的意见，让大家在实践中体验和成长，更多的是提供学生需要的资源和支持。这里的团队成员虽然也是学生，但是大家思考的是如何帮助更多的人去提升自我，勤工助学。

像很多人一样，最开始的我以为勤工助学应该是通过打工挣钱自己养活自己，以完成学业，后来在勤工助学学生团队的经历让我对此产生了新的理解。勤工助学经营实体店，不是为了盈利挣钱或者简单地给学生发一点工资，而是为了学生在大学里就能提前体验和感受工作的价值，实体店的盈利和经营能提高学生分析判断、经营管理的实际能力，既是市场化的学习基地，又是带有市场属性的真实锻炼。它不仅能向全校师生提供便利服务，还能创造出更多的岗位给更多的学生去体验和成长，去学习一部分专业技能如打印、排版、照相、营销等，收获一技之长；去锻炼人际交往、语言表达、协调统筹等各方面的基础能力，从而提升综合能力；去加深对他人服务、对自我认知的理解，培养和形成深刻而正直的价值观，这才是勤工助学的意义和价值。在勤工助学中心学生团队，我感受到了一种新的成长和成就感，它不只是来源于自我的新的进步和提升，更是一群原本不够温暖和明亮的个体汇集起来发光发热去照亮和温暖更多还在寻找的个体。

我心微光，可点点荧光汇集于勤工，不知道什么时候就变成了太阳。

作者简介

吴天忍，湖南大学化学化工学院 2012 级本科生，曾任学府时光咖啡吧的学生店长和第七届勤工助学中心常务副总经理，现就职于深信服科技股份有限公司。

我与勤工的故事

李若乔

每个故事，都该是有颜色的。

那，我和勤工的故事，该是什么颜色的呢？

红色？黄色？绿色？蓝色？

我想，该是彩色的。

初遇 蓝

遇见勤工，是在一个午后。天是湛蓝的，蓝得让人挪不开眼，长沙的天气像个爱发脾气的娃娃，总是下雨，偏巧那天天晴得很好，万里无云。无意间，一个 QQ 账号的名字映入我的眼帘——"湖南大学勤工助学中心"，头像是蓝色和白色的组合，正中间有勤工的正六边形图标以及湖南大学"HNU"标志。我觉得"勤工"两个字很有设计感，便点入。彼时没有想到的是，这一个不带任何思考的小小动作，给我的生活带来很大的变化，让我的生活多了一种可能，让我遇见了不一样的自己。

所以，我和勤工的故事，就是从蓝色说起的吧。天是湛蓝的，它是蓝色的，心情也是蓝色的，像泛着轻轻涟漪的湖面。

再遇　粉

　　青春是不凋的希望和不灭的向往编织而成的花环。既然相遇了，那便带着希望和向往再向前继续走下去吧。在关注了很多勤工助学中心秋季招新面试工作，并有了比较详细的了解之后，很想要试一试的我，便报名了勤工助学中心德智图书馆管理员的工作。在经过了两轮的面试之后，非常幸运地成为图书馆的一名正式馆员。还记得收到通知消息的那一刻，欣喜、激动涌上心头。我知道，我和勤工的故事，正式开始了。一个个粉红色的泡泡，在我的心里砰砰砰炸开。

任职　红

　　在勤工，最重要的就是将自己的本职工作做好。德智图书馆管理员的工作涵盖各个方面，从开馆闭馆到全面进行卫生清理，从学习研讨空间的审核通过到入馆人员的登记确认，从全馆巡视到遗失物品的保管……每件事都非常重要，需要认认真真、细心负责地做好。红色，是最具有激情的颜色吧，还记得第一次成为第一个到馆的人，拿着钥匙打开德智图书馆大门的情景，天还未亮，只有手机手电筒发出的光亮，彼时我的心里非常激动，虽然周围一片漆黑，但我心里像是被红色的火把点燃。

　　值班时的故事，也无比有趣，甚至一直激励着我努力学习。湖南大学外国留学生的第一次到访，让我手足无措，该怎样用英语向他们介绍图书馆的预约流程？怎样才能帮助他们听懂并理解？基本没有用英语与外国友人交流过的我，用一个个简单的英文单词和短语做着最简单的介绍，最终成功帮助留学生完成了预约并被点赞。这样有趣的经历也让我意识到了学好英语并运用到实际生活中的重要性，在课余时间查找介绍的话语，在外国友人下一次到来之前做好充足的准备，这些都增加了我的知识储备。

我理解中的"勤工助学"，是在大学里不耽误正常学习的前提下，依靠自己的能力，去做好一些工作，以此赚取相应的生活费用，并提升自己的自立能力的活动。勤工助学中心给了我这个机会，让我可以在工作中学习，在学习中工作。习近平总书记在2021新年贺词中说道："艰难方显勇毅，磨砺始得玉成。"勤工助学的工作来之不易，在工作中更是有突然出现的小挑战，我相信，我会怀着赤子之心，认真做好每一件事，让我与勤工的故事从一节节、一章章串联成一本书。

活动　绿

都说绿色是生命的颜色，绿色也是我最为喜欢的颜色，家里的装修，也是绿色调。在勤工真正有家的感觉，是在一次次特别而有意义的活动、在一个个难忘的瞬间吧。起初没有想到勤工也会举办各种活动。在刚听说勤工中心的融合活动时，就想要去参加，原因很简单。一个人来到一个不熟悉的城市，总是会感觉少了点什么，用活动充实自己也是一个不错的办法，去解锁更多的可能，让大学生活多一些色彩。又是一个难得的好天气，岳麓书院在朝晖下，等着我们的到来。一系列的活动：传话游戏、一二三木头人、背靠背夹气球……有过多少次的欢声笑语，已经数不清，但一起做过的游戏、与队友心有灵犀的一个个瞬间都深深烙印在了心里，储存进了独家记忆中。山青，树茂，水绿，草翠。前几日刚下过雨，终日见不着太阳的砖面上有一撮撮的青苔，与其说是和小伙伴在上面走，倒不如说是一点点地滑，一不小心就会有一个趔趄。秋日的岳麓山依旧很美，岳麓书院散发着古朴的气息，我们——勤工人，在游戏中了解着彼此，温暖着彼此，在那个泛着绿色的秋日晌午，我仿佛有了家一般的感觉。勤工的融合活动，充实的不仅是我的大学生活，更充实了我的心。

细忆　橙

和勤工的故事，说到底，是和勤工中心的小伙伴们的故事。来自五湖四海的他们，有的喜欢吃甜，有的无辣不欢，有的只穿一条裤子熬过整个冬天，有的在长沙却仿佛置身东北……我们的悲欢喜好各不相同，心却相通。解不开的难题，有学长学姐手把手教你解决；偶尔的难过，也有人能帮你分担；开心的事情，更是可以变成两个人甚至许多人的开心。细忆一起相处的时光，仿佛置身于橙色的暖阳中。橙色是最温暖人心的颜色吧，不似红色张扬，却也足够让内心一点点热起来。

前行　白

"天行健，君子以自强不息；地势坤，君子以厚德载物。"勤劳勇敢、艰苦朴素一直以来都是中华民族的优良传统。正所谓寒风中孕育生命，逆境中勃发力量。勤工助学，宛如穿透寒冬的花香，给了我前进的动力；好像穿透黑夜的光芒，为我指引了方向。感谢勤工助学中心，为我铺好白色的纸张，让我渲染出独一无二的故事；感谢勤工中心，如一道亮光，带我前行。

未来多漫长　再漫长　还有勤工

陪伴你　一直从　麓北走到南

陪伴你　一直到　青春不散场

陪伴你　一直到　这故事说完

这是属于勤工的歌曲，也是属于我和勤工的故事。我知道，这故事，不会说完；我也知道，这色彩，永不褪淡。

作者简介

李若乔，湖南大学外国语学院 2020 级英语专业本科生，现任职于德智图书馆。

助学筑梦， 饮水思源

汤 曾

没有阳光，就没有温暖；没有水源，就没有生命；没有父母，就没有我们自己；没有亲情、友情和爱情，世界就会变为一片孤独和黑暗……这些浅显易懂的道理，让我们始终怀揣恩情，以至于在这岁末时刻，回想这一年的经历——从年初的新冠肺炎疫情肆虐到高考的延迟；从三年的高中时期跨越到四年的大学生活，从故乡的小城到德图（德智图书馆的简称）的你们，在此我只想说一句，感谢相遇。

回顾 2020 年，想起金秋十月第一次踏入德图，学姐学长非常细心的答疑解惑，同学之间十分友爱的共处，一场又一场邂逅里的互助……而今，我想将这些回忆编织，织成美丽的画卷，织成记忆里的你们。

风吹起如花般破碎的流年，你们的笑容摇摇晃晃，成为我命途中最美的点缀，看天，看雪，看季节深深的暗影；看湖大，看岳麓，看德图最美也最好的你们。想说，于这段不经事的岁月里，真的收获了很多。遇见你们，让我初来乍到时本应有的仓皇烟消云散，取而代之的是一点又一点的进步，一份又一份的惊喜，一次又一次的感动，一场又一场的收获。我们彼此互帮互助，共同学习，又共同去为他人提供服务，我们用态度证明我们的优秀，用行动证明我们的实力，这份过往，定会珍藏；这份友谊，定会绵长。向来重视情谊，向来在乎朋友，如今于千万人之中遇见你们，于千万年之中，时间无涯的荒野里，没有早一步，没有晚一步，我们终于明白什么叫"刚好，我们都在这里"。感谢德图，这个全新的平台，让我认识了新的人，新的朋友，命中注定的你们。

爱默生有言："温顺的青年人在图书馆里长大，他们相信他们的责任是应当接受西塞罗、洛克、培根发表的意见；他们忘了西塞罗、洛克与培根写这些书的时候，也不过是在图书馆里的青年人。"到此，我又不由自主地想起了在德图成长的时光。在图书馆大环境的影响下，我会情不自禁地去阅读更多的书籍，获得更多的阅读体验，同时，这又是我人生道路上第一份正式的职业，它让我对工作有了最浅显的认知，于真正意义上实现了勤工又助学的核心理念。习近平总书记说："青年一代有理想、有本领、有担当，国家就有前途，民族就有希望。"而图书馆的这段生活体验，更是让我提前对工作有了认知。作为我人生中的第一份正式工作，它的意义远不局限于工作，更是让我明白了帮助他人的意义和快乐，获得了完全不一样的人生体验。

萧楚女曾说："做人就像蜡烛一样，有一分热，发一分光，给人以光明，给人以温暖。"雨果亦说："让我们来献身。献身给善，献身给真，献身给正义。"而今在德图，我想我真的做到了，坚持每一次值班的早到，坚持为阅览人员提供优质的服务，坚持兢兢业业的工作态度……这一件件事情，让我在帮助他人的同时也获得了无上的快乐。

图书馆内的勤工助学活动，本就是学校为我们提供的一次机会，彰显的是学校对我们的关爱，国家对青年人的照顾。在收获这份暖心之后，我心中所想的更多的是，学会感恩，把爱传递。我想，人生最大的快乐，是经历，是在生活中不断地悟到一些东西，并且自己亲身体会的感受也会是最深的。而在德图，我成功获得了过往所不曾有过的人生感悟。

一、这一过程使我深深地体会到了作为成年人应有的责任意识，通过课余时间的适当劳动取得理所当然的劳动报酬，这不仅仅使我认识到自身对于家庭的责任，同时也让我认识到了我有能力去减轻父母的负担，从而强化了自身的自立自强意识。这种责任的担当和自立自强意识的强化可能是我在图书馆勤工的最大收获。

二、勤工也极大地拓展了我的交际面，增强了我融入校园生活的能力。在勤工中，通过与众多可亲的同学、可敬的老师经常性的接触，我也较大程度上认识并熟悉了湖大的各方面状况，并结识了众多好朋友，从而利于我更好地融入大学校园生活。

三、勤工活动也较好地锻炼了我为人处世和人际交往的能力。性格较内向的我由于少与人接触故而交际能力相对较弱，而在勤工过程中，学长学姐的亲切指导，同学们之间的相互帮助，日常的到班下班，逐渐使得我开始适应这种与在学业中单打独斗时期大相径庭的工作生活方式：待人礼貌、工作守时、态度诚恳、言行举止落落大方。这无疑为我以后的工作形成一种和谐的过渡，使我逐渐适应以后社会中可能面临的工作方式。

四、同时，图书馆的工作也满足了我本人的"一点私心"——"博览群书"，在每天整理和收发书籍的过程中，众多的新书、好书异彩纷呈，令我目不暇接，使我得以在知识的海洋中尽情遨游，极大地拓宽了我的视野，提升了我的人文素养。

泰戈尔曾经说过："火焰给你光明，但是不要忘了那执灯的人。"德图的经历，是我大学生涯里最难以忘怀的一笔。落叶在空中旋下，谱写一曲感恩的乐章，那是感谢大地给予它生的机会；白云在空中缥缈，描绘出一幅幅动人的过往，那是感谢苍穹给予它舒展的空间；乌鸦日日归巢，撰成一段感人的故事，那是感恩曾经护它爱它的老乌鸦的哺育之情。因为感恩，这个世界才会如此暖心给人关怀；因为感恩，这个人间才会如此美妙，令人神往；因为感恩，这个浮世才会如此繁杂，促人去追寻生命的真谛。爱心一直在播撒，希望一直在续写，拼搏一直在延续。

今日德图助我，他日定将报答。我定不负"吃水不忘挖井人"的教诲，助学筑梦，饮水思源。最后，也希望挺过新冠的德图可以挺过以后的岁岁年年！希望德图的明亮，世俗的快乐，可以在从今往后的那些日子里被我们念念不忘。

感谢德图，感恩相遇！

作者简介

汤曾，湖南大学土木工程学院 2020 级本科生，任职于德智图书馆。

与勤工相伴， 怀感恩与温暖

杨叶琳

"走过了十年时光，今朝又相聚一堂，你是特别的存在，成为我的世界，也作我肩膀……"坐在等待勤工面试的教室里，看着屏幕上播放的视频，听着这动人的旋律，一张张照片滑过，让我明晰了对勤工的认知，让我坚定了加入勤工的决心，也让我感受到了勤工的爱与温暖，我走进了它、融入了它也爱上了它。

面试时被紧张、激动与期待、希望的心情笼罩，接着是不安的等待，最后被德智图书馆录取的结果让我欢欣雀跃。被成功录取，是勤工对我的肯定与信任，也是对我的一种期许，希望我能为德智图书馆、为勤工做出自己的贡献。

看到大家在工作群里欢迎我们小萌新，一句句"欢迎加入德图大家庭呀"，心里是满满的幸福与开心。大家互相调侃、聊天，让我很顺利地融入了这个大家庭，也让我感受到了学长学姐们的热情，更感受到了他们对德图、对勤工的爱。

在德图里，我看到每一位学生伏笔学习的样子，看到每一位员工认真值班的样子，看到每一天馆内整整齐齐的样子，看到丰富的学习设备和宽敞的学习空间，我深深地感受到了德图的强大，感受到了学校勤工强大的力量，它为我们学生提供了良好的学习环境。

在德智图书馆勤工助学期间，我收获了珍贵的友谊。在值班过程中，我和小伙伴们逐渐相识、相知、相熟，并且成为非常好的朋友。我收获了表面高冷内心可爱的小伙伴，也收获了非常可爱美丽的学姐们，当然还有帅气的学长……在这里，我们不仅仅是一起值班的关系，我们还会互相分享快乐，互相安慰难过的情绪，每一次值班都是增进感情的催化剂，都是收获友谊的机会。

同时更重要的，我还收获了一些来自学长学姐的经验和指导。在这里有相同专业的学姐，学姐在我加入德图之前，就帮我解答了很多的问题；在加入德图之后，学姐更是耐心地帮助我，并给了我一些英语专业学习、考试、获得奖学金、保研、考研等等的经验。在例会上，有学习成绩优秀的学长给我们一些平时学习的建议，也有大四的学长为我们传授一些就业指导经验，满满的干货背后承载的是满满的爱与温暖。

在这里，我也学会了怎样处理问题，懂得了要一直保持责任感。我认为在图书馆值班充满了使命感与责任感，每一位读者的问题各不相同，而在小小值班台的我们就是帮助解答他们问题的重要渠道。在遇到一些不能把握的问题时，馆长和其他的学长学姐都会在群里指导帮助，目的就是给读者一个满意的答案。每一次的成功解答，都让我有满满的成就感，这是一个值班人员任务的达成，也是一个普通人想要帮助他人的心愿的达成。

同时，我也看到了自身的不足，在遇到一些留学生时，由于缺乏语言表达的能力，难免会心生怯意。但这也激励着我不断地提高自己，练习英语口语，既对德图有利，又对自己的学习有利。

每一次相聚的时光都是礼物，都是美好回忆。在德图两周年例会上，小伙伴们互相交换礼物，表达心愿与祝福，一起围着精心准备的蛋糕，许下希望德图越来越好、勤工越来越好的心愿；在勤工秋季融合活动中，每个部门的小伙伴们都积极地参与到游戏过程中，相互配合完成游戏任务，最后勤工人员的合影也是寄托了对我们的期待；在新生见面会上，勤工的老师、相关部门管理人员来到了现场，对过去的工作进行肯定，也对勤工的未来寄予了厚望，身为新人，我们也一定会努力地为勤工贡献自己的力量。

　　努力也终会有回报，在小小打工人一个月的工作中，我也收到了来自勤工的第一笔工资，第一桶金。这时候，欣慰、开心、满足又涌上了心头。这不仅仅是工作得到的报酬，更是勤工对我的肯定，对我工作的一种认可。得到工资，表面上来看可以增加一些生活费，实际上也更加坚定了我对勤工工作的爱，坚定了我努力工作的决心。同时这也代表了一种成长，第一次离父母这样遥远，而自己却能通过自己的工作获得回报，这也是人生路上的一大成长乐事。

　　俗话说，饮水当思源。勤工助学中心是学校开展助学工作的一大重要基地，是资助育人的重要方式与渠道，而我作为勤工团队中的一员，必须要懂得饮水思源、心怀感恩。资助育人、圆梦成才，的确，这里的资助育人绝不仅仅只是物质那么简单，更重要的是在工作过程中收获的经验与知识，这才是全面化的育人。饮水思源、心怀感恩，我了解到有已经毕业的学长学姐为勤工助学基地提供一些资金支持，处在学习期间的我们，虽然还没有那份能力，但我们同样也可以以自己的方式表达感恩之心，即用良好的工作成果来报答。用优秀的学习成绩来报答：在每一次值班工作过程中，都心怀感恩之心，认真负责，本着服务的心态，本着更好地建设勤工的心态来工作，不浪费每一个岗位，不辜负每一个部门。同时，在勤工的帮助下，我们更要努力学习，实现勤工资助育人的初衷，这是我们现阶段能做的，也是我们现阶段必须要做的。

"陪我扎根与成长，从青涩变得茁壮。"我们助勤工成长，共同建设勤工未来的每一个十年；勤工亦助我成长，从青涩逐渐成长得茁壮与坚强。"陪你把年少时光雕刻成坚强，陪你用苦读寒窗镌刻下梦想。"在德图、勤工的每一次工作，都是一次宝贵的经历；每一次问题的完美解决，都是一次成长，都是由青涩懵懂向成熟的蜕变。

"未来多漫长，再漫长，还有勤工，陪伴你，一直到这故事说完。"在叠翠流金之时加入勤工，我见证了勤工秋冬时旺盛的生命力，在接下来的岁月里，我会继续秉持对德图的爱、对勤工的爱，秉持一颗感恩的心，为勤工贡献自己的力量，感受勤工的温暖，感受它在每一个四季里蓬勃的活力。

作者简介

杨叶琳，湖南大学外国语学院 2020 级英语系本科生，任职于德智图书馆。

饮水思源　心怀感恩

郝艳芳

丈夫不感恩，感恩宁有泪。心头感恩血，一滴染天地。

——（唐）陈润

2020 年即将落幕，又到了各个单位忙于写年终总结的时候了。我很开心在这个时候收到"勤工"征文比赛的通知，因为我一直想回顾近半年来在校党委组织部做助管的经历，以便继续更好地前行，但苦于未找到合适的方式，便久久搁置了，现在真的就是"恰逢其时"。虽然只是短短半年的助管工作，但自我成长却很大。我想除了自我的努力外，最不可少的就是老师们的指点以及其他助管小伙伴的帮助了，借此机会也想向他们表达一下我的感谢。

"新竹高于旧竹枝，全凭老干为扶持。"秋季学期开始的第一天，我正式到校党委组织部报到。作为"新手"，自认为是慢慢地适应了一段时间才会正式接手工作。但事实却是，接手工作的第一天，我就要以最快的速度熟悉所有的日常工作，第二天就要独自"实战操练"了。虽然之前晏老师给我打过"预防针"，说组织部的事情可能会有点多、有点忙，我事先也做好了心理准备，但这里的工作量真的超出了我的预期。不过幸亏有老师和工作过的学姐指导。学姐带我的第一天给我详细地讲述了入党材料审核的全过程，虽然之前也接触过党员材料审核，但听完后还是深吸了一口气。我在听学姐讲的时候，头脑中的脉络很清晰，知道该怎么做。但第二天审材料的时候还是一团糟。十几项材料，每份材料都有需要注意的细节。不仅审核的效率低，审核的质量也不敢保障。学姐看出了我的困惑，便给我画了一个流程图，看到详细的流程图，我心中有说不出的感动。晏老师也把需要审核的材料列了一个清单。在这两样东西的帮助下，我审核材料的速度提高了 3 到 4 倍，也不再畏惧那一摞一摞的材料。

"磨刀不误砍柴工"，我是一个脑子不是很灵活的人，做事的惯性思维严重，总觉得以前怎么做事情，现在还怎么做就好了。但一次次的事实证明，我应该转换思维，要多思考应该以怎样的方式把事情以最快的效率、最高的质量来完成。我是从晏老师交给我办的两件事中认识到自己在这方面的缺点的。第一次是让我汇总各个学院的材料。明白任务后我就老老实实地按照以前的方法去完成，很费时，我也搞得很疲惫。晏老师在出门办事的时候无意间看到我做事的方法，就很委婉地说："忙了这么久，辛苦了！你觉得做这个材料有没有更快捷的方法呢？"我顿时蒙了，还有别的更容易的方法？我起身让老师示范了一下，看完后就觉得我怎么浪费了这么多时间。第二次是晏老师让我从汇总材料中挑出个别学院的材料。我就按照我的惯性思维一个一个筛选，调整格式。晏老师看见后就说："像这样的事情咱们可以做'减法'。"老师又再一次给我示范了什么叫作"办事效率"。通过这两次事情，我深深地体会到做事情之前思考的重要性，要打破惯性思维，寻找最简方案。这不仅能提高工作效率，也能为我们自身"减负"，从而赢得更多被赏识的机会，得到更好的发展。所谓"磨刀不误砍柴工"就是如此吧！很幸运，我能在这个时候认识到我的不足，而且还有机会改正。

"别裁伪体亲风雅，转益多师是汝师。"同在一个部门做助管的还有四个小伙伴，虽然被安排在不同的时间来值班，但大多数时间我们不同的人都是在完成同一份工作，因此工作的交接非常重要。组织部有几个工作量比较大的工作。例如，全校新生党员信息的录入，工作量很大，并且给定的完成时间也很短。工作正式开始之前，在这里工作过的学妹就告诉我新生党员信息录入的方法，也把比较快捷的方式以及一些特殊情况她是怎么处理的都详细地给我演示了一下。在学妹的帮助下我也上手得很快，在录入的过程中想到什么比较方便的方法我也会积极地和他们沟通，其他小伙伴也积极地和我交流，相互分享经验，工作开展得很顺利。总觉得在一个星期内不可能完成全校的新生党员的信息录入工作，但我们的确保质保量地完成了。"三人行，必有我师焉"，在部门工作的小伙伴们都非常优秀，在他们的身上我能看到我所没有的闪光点。从他们平时的工作中，我能学习到更为合理有效的处事方式，非常感谢他们对我的帮助。

"学贵得师，亦贵得友。"第一次来到组织部时，我看到这里的老师都全神贯注地盯着电脑，他们给我的印象就是严谨、踏实、细致、严格。再加上组织部处理的基本上都是党务工作，这就要求我们在处理事务时要足够认真和细致，尽量不犯错。所以，我是有点害怕部门的老师的，尤其是钟部长。直到后来我与钟部长进行了一次谈话，才发现原来部长也是那么"可爱"的一个人。记得，刚巧那天办公室只有我们两个，无意间的一个小话题，就打开了我的"话匣子"。我把自己遇到的不开心的事情，一直纠结的问题，还有自己对未来的一些设想等等，一股脑地都说给钟部长听了。我不知道自己当时为什么会说那么多，在当时我就觉得钟部长就像我的好朋友一样，她是能明白我心里的矛盾和纠结的，而且能给我很好的建议。我和钟部长聊完天后心里是很舒服的，有一种如释重负的感觉。好多之前未想明白的事好像也有了更为清晰的认识。自那以后我来部门值班都感觉很轻松，看到钟部长也会觉得很亲切，就像我的一个好友一样。

鱼知水恩，乃幸福之源也。我们知道感恩，才有援手。能进入组织部我觉得自己很幸运，因为在这里有愿意听你讲心里话、为你解疑答惑、指导你把事情更好地完成的老师；这里有愿意和我一起并肩作战，把一个又一个看起来很难完成的任务顺利完成的小伙伴。2020 年，遇见你们，真好！

作者简介

郝艳芳，湖南大学中国语言文学学院 2019 级语言学及应用语言学研究生，曾任职湖南大学校党委组织部助管。

爱在德图

李晓红

因为有爱在德图，所以我爱在德图。德智图书馆，是我的一个温暖小窝，在这儿，有可爱的人，我们一起值班，一起玩笑，一起学习，度过了整整两载春秋。春去秋来，人来人往，有的朋友离开了这个大家庭，也有新鲜血液注入，唯一不变的是我们对图书馆的责任与维护之心，是我们这个大家庭里每一位个性鲜明的朋友之间共同的友情。

初　遇

加入德图这个大家庭，是一个美丽的意外。记得当初大一刚开始时德图还未建成，勤工助学中心先是进行其他部门和实体店的招新面试。我不幸落选于德智书屋与公益岗的面试中。也许冥冥之中，我与德图就结下了不解之缘。十一月底，勤工助学中心突然发消息给我，说我还有机会参加德智图书馆的面试。我当下心里欣喜若狂，因为我很需要一份工作，当然我也很喜欢图书馆的氛围。在之前的面试中，很多面试官都是不苟言笑的，让我——一个职场小白有些紧张。而在德图面试的时候，我记得张馆长和罗副馆长是面试官。他们很友好，也没有问非常刁钻的问题。当时我也感觉自己发挥得还不错，现在想想也是承蒙两位面试官照顾了。因为当时还闹了个笑话，我把同级的罗副馆长叫作学姐（事后才了解到是同级），她只是微微一笑，并没有愠怒之色。后来我又麻烦张馆长改信息，他也很乐意帮助，没有怨言。现下想起，真的非常感谢这两位朋友！其实，与德图的缘分，可以说是勤工助学中心牵的"红线"，没有勤工助学中心的大力支持，我应该认识不了那么多可爱的人。

相　知

在德图的每一天，都有不一样的喜悦，特别是和馆内同事的友情日益加深的快乐。刚进德图的时候，我还有点怯生生的，因为自己并不认识太多人。而馆里的工作也有一定的特殊性，值班是固定的两人，值班时间也是固定的，而且值班的时候不能进行过多的沟通与交流，毕竟是在图书馆，要担好自己的责任。凭着我极强的认脸能力，我竟也能在两个月内把馆里所有人都给认全了。想想也不是很了不起的事情，但那种见面打招呼时叫不出名字的尴尬是没有的了，心里还是很开心的。而且在交往的过程中，我也在解锁自己与他人的新属性，去发现每一个人的闪光点。当然这不全是我一个人的功劳，还有馆长和副馆长们组织的团建活动，勤工助学中心的物质支持，让我有更多与馆内各位朋友见面的机会，也让我收获了友谊。

在这里，我想郑重感谢张馆长，因为他富有责任心，任劳任怨，虽然有时候会很严肃，但大部分时间都很随和亲切。我在刚入馆的时候，对馆内业务不太熟悉，一有问题，就去找张馆长。他也没有嫌我烦，而是很耐心地和我讲该怎样把事情办好。在他的带领下，馆里的同事都日渐团结起来，大家都没了开始的拘谨，慢慢地也有了归属感。

相　识

在德图待得越久，就越舍不得这个温暖的大家庭。我常常自称"三朝元老"，因为至今馆里共招新四次，后面三次我都有参与，每一次都会看到老朋友离去，看到新同学进来。有遗憾也有喜悦，为没能和一些离开的朋友说上几句话而遗憾，为新朋友的加入而感到喜悦。每当我看到刚入馆的懵懵懂懂的学弟学妹时，就想起了大一时候的自己。自己刚开始也是一问三不知，是在其他朋友的帮助下，才逐渐熟悉起馆内各种工作。我也会向那些帮助我的朋友学习，把乐于助人的精神传递下去。所以，我参加了每一次的招新活动，为前来面试的同学答疑，在他们实习的时候，也会全力帮助，有问必答。所以几乎每次招新之后，我都能把新朋友认全。在德图这样特殊而又温暖的大家庭里，互相认识，也是互相依靠的开始。

我心里非常感谢德图的每一位小伙伴，感谢随和亲切的张馆长、善解人意的婷婷姐、温柔可爱的艳娇、时严时憨的朱学长、乐观开朗的申星学妹……还有馆里面带我飞的各位学霸！是他们给我树立了好榜样，也是他们让我学会了如何在一个更大的集体里与他人相处，让我明白在获取温暖的同时，也要温暖他人，形成一种良性循环，让集体责任感与归属感更上一层楼。

感　恩

现在我非常珍惜待在德图的时光，因为已经大三的我，终有一日会离开这个大家庭。我也非常感谢勤工助学中心，不仅给予我一份工作，让我积累经验、补贴生活，也让我收获友谊。每一次的节日我都能收到勤工送的节日礼物，端午美味的粽子，中秋甜甜的月饼，还有圣诞节的苹果……虽然离中心有些远，但是物理上的距离并不能阻隔心灵的亲近！我享受着中心给予的福利，心里非常感激，同时也会想着要努力做好自己的工作，不枉费勤工的帮助与支持，不辜负德图朋友们的信任。尽己所能，倾己之力，问心无愧。

泰戈尔曾说："不要着急，最好的总会在最不经意的时候出现。"是的，我在最不经意的时候加入德图，在最不经意的时候认识了很多朋友，这时候的我们是最好的我们。德图也是我二十年来待过最好的集体了吧，大家都那么有爱，让德图也变得更加美好。不管未来如何，是聚是散，我都爱在德图，因为有爱在德图！

作者简介

李晓红，湖南大学外国语学院 2018 级英语专业本科生，任职于德智图书馆。

勤工十年

郭 力

转眼间，不平凡的 2020 年即将结束，不知不觉间我来资助办工作已经四年了。2016 年因为工作调整，我开始负责资助工作及勤工助学工作，正式成为勤工助学中心的指导老师，开始慢慢熟悉和融入这个像一群"小蜜蜂"一样在校园里勤恳"采蜜"的学生群体。

初识勤工是在 2013 年，当时的我在学工部园区管理办负责开展园区文明行为引导活动。因为活动需要学生志愿者，就联系到了勤工助学中心的公益志愿岗学生负责人韩朝强。这个孩子做起事来人如其名，对待工作和交代的任务都一心朝着最高最强的目标努力，勇往直前，决不放弃。接下来的两个月里，在他的组织下，不管刮风下雨，总能看到勤工助学中心的"小蜜蜂"身着红色背心在园区各个角落巡查，他（她）们像一颗颗闪闪发光的小红星照耀着园区的每一个小角落，文明行为劝导活动开展得有声有色，园区交通秩序、环境卫生得到明显改善。我当时就想，是什么样的一群学生，能够一直默默无闻地奉献，赠人玫瑰，手留余香，努力让大家明白认真付出就会使自己感到快乐。

2014 年，勤工助学中心成立五周年，举行纪念表彰晚会，我有幸被邀参加。晚会上，各个部门、实体基地的学生们都表演了代表自己部门特色的节目，内容丰富，形式多样，整个晚会高潮迭起，精彩无比，让我再一次感受到了勤工"小蜜蜂们"的魅力。这到底是一个什么样的学生组织？能让同学们如此地热爱它，如此地充满激情、全身心地投入其中，不断地积极创新，努力实践。

在成为勤工助学中心的指导老师后，我开始和学生们共同工作并共同成长，也对他们有了更多的了解。看到同学们策划的一份份基地运营方案，一个个中心活动策划书，看着一个个学生从大一时加入勤工第一次参加新成员见面会时的腼腆，到大三大四时成长为部门负责人或中心负责人后表现出来的成熟干练，作为老师，深感欣慰。

转眼来到 2019 年，勤工助学中心成立十周年了，曾经的勤工指导老师，毕业的勤工校友们都无不期盼着勤工"十周年活动"。这次重担落在了第十一届勤工学生团队以及学生资助办邹老师和我身上，该如何做好这一具有纪念意义的活动呢？大家一开始都没底，从一开始的策划方案一改再改，到与已毕业的勤工校友联系，走访天南地北的校友们；从视频拍摄录制到最后的交流分享会的成功举办，我们和勤工的"小蜜蜂们"熬过了无数个日夜，这就是每一位勤工人都秉持的勤工精神——"笃学立德，自强不息"。

曾记得在上海走访，勤工第一届总经理夏曙回忆 2009 年创办勤工助学中心这个组织时，从最开始的 4—5 个人，2 个实体基地店，以及第一次招聘，第一次元旦晚会，第一次申报芙蓉学子自强不息奖项……往事历历在目，仿佛就在昨天。原来勤工人自我管理、自我服务的踏实做事的品格就是从第一届开始延续至今的。

在广州走访时，第十届副总经理欧铭怡曾说道，那些年在勤工写过的实体基地策划方案以及中心活动策划方案，如今运用在工作中是得心应手，感谢当年学校给予的锻炼机会。原来勤工学子如此地热爱这份工作，是因为在工作中他们能独立自主地去策划一个个实体运营方案，去组织团队合作完成一个个大型活动，他们在失败中找到经验，在成功中找到自我价值。

在北京走访任豫波校友时，他谈到四年的勤工经历中，从学生店员做到运营部负责人再到实体基地总经理，中间接触到各种类型的人，学校各部门老师、社会合作企业的联系人，包括自己带领下的学生团队的学弟学妹，让他学习到了如何做事、如何做人，由一个不善言谈的腼腆学子成长为侃侃而谈的集团公司区域销售总监。勤工带给他的不只是经济上的帮扶，更是待人处事方面的能力提升。原来勤工助学中心这样的平台，能够给学生带来这么丰富的实践历练与创新机会。十年以来，毕业的勤工学子，纷纷受到华为等国内知名企业的青睐，他们超强的工作能力被企业认可，他们自强不息的精神影响着周围的人。要知道，冰冻三尺非一日之寒，勤工精神传承十年，是一代一代勤工学子努力付出的结果。

2019 年 12 月 21 日，来自全国各地的勤工校友返回母校欢聚一堂。座谈会上大家回忆起那些年在勤工的人和事，在场的老师同学都为之动容。交流分享晚会上，校友们用自己的人生经历嘱托着学弟学妹要好好珍惜现在的在校生活及勤工工作，积极实践、敢于创新，为以后的日子里能遇见一个更优秀的自己而努力，成功留给时刻有准备的人。

十年，在人生的长河中一晃而过。勤工十年，莘莘学子和它相遇，为它笑过、哭过、拼过，最后也终于获得了自己的成长。未来十年，数十年……勤工助学中心还将和更多学子共同成长！作为湖大人，我们一直铭记"事实求是，敢为人先"的校训！作为勤工人，我们必将践行"笃学立德，自强不息"的理念！

作者简介

郭力，湖南大学学生资助管理中心办公室科员，负责勤工助学工作，从事学生资助工作 5 年，2012 年、2015 年、2018 年获评"湖南大学学生工作先进个人"。

为勤工人喝彩

李晓亮

勤工俭学是大学生在校期间开展劳动实践的最佳途径，既能用劳动换取报酬，又能学到新知识新技能，为未来人生发展打下更为坚实的基础。2014年7月，我在工作的第四个年头，有幸加入了湖南大学勤工助学中心这个在当时就很有人气的学生组织，并成为指导老师。一干两年，和我最爱的勤工同学们一起，扎扎实实服务师生，轰轰烈烈开店，大刀阔斧搞改革，勤工团队从一百多个人壮大到了三百多人，天马、德智园区的实体店数量迅速扩增，同学们的实践机会越来越多，勤工迅速成为集聚人才、锻炼人才、培养人才的重要实践平台。

勤工人一直有敢闯敢拼的精神。为了开好打印店，精细核算成本，更换设备和选择纸张供应商，改善值班计划，一系列的改革推动打印店的营业额呈指数级增长，有的店员已然成为打印机专家。顶着烈日回收旧书，通宵达旦整理书籍，这些让勤工书店成为同学们购置学习资料的最佳选择。购置干洗机，建设湿洗房，干湿洗衣店的工作环境不断改善，有的勤工同学甚至还学会了缝缝补补。有格调的学府时光咖啡吧是园区的学生谈学习、谈恋爱的好去处，其调制的特色饮品成为很多校友的美好回忆。新成立的快递店双十一快递成山，很是震撼。开辟跟拍业务的自强照相馆，记录了很多毕业季的美好。首创勤工微信公众号，每一届小编都很有才情

（现在已并入资助管理中心微信公众号）。为了办好勤工五周年晚会东奔西走找场地，全员上阵排节目，最终贡献了一场精彩绝伦的演出，还有很多很多……回想勤工往事种种，仍然心潮澎湃，我很庆幸亲历了勤工的成长，见证了一代代勤工人为了勤工的发展，为了学生时代的"事业"拼搏奋斗，真挚而又充满豪情。

一大批同学因勤工而变得更加优秀。勤工俭学一直以来就是成就人才的途径，很多成就伟业的人物都有勤工俭学的经历。周恩来、邓小平、蔡和森等一大批中国共产党早期领导人就曾在 20 世纪初留法勤工俭学，一边做工，一边学习新知识、新思想，为将来革命事业打下了良好基础。湖南大学勤工助学中心有两个团体，一个是在实体店的"打工人"，专注经营，获有报酬；一个是管理服务团队，专注管理。两个团队互为犄角，通力协作，成就了湖大勤工这个优秀的平台。在这个过程中，一大批优秀的同学不断涌现，成为勤工发展的核心力量。他们或为了营收不断拓展经营渠道，或为了规避风险学习各类法律法规，或为了提高团队效率使用各类雷霆手段，等等，他们中有的担任店长，有的担任管理团队学生干部，在自己的岗位上做了很多开创性的工作。这些难得的经历也变成了一种能力，帮助每一位勤工人不断成长。我一直在想，每位大学生读书期间都应该参加勤工俭学活动，学校也应该提供更多的机会，帮助同学们在更优质的勤工岗位上锻炼成长。现在，当时和我一起并肩作战的同学们都早已毕业，在各自的工作岗位上开创事业，发光发热，为国家和社会发展贡献着力量。可以期待，也许不久的未来，他们中间会涌现出"独角兽企业家"、为民造福的政治家。

距离 2016 年 8 月离开勤工已有四年半的时间，我一直关注着勤工的发展，会经常和勤工的指导老师以及曾经的战友们联系交流，聊聊勤工的故事，听听勤工的现在，关注勤工的发展。我相信所有勤工人和我一样，勤工的烙印早已刻在心里，成为一辈子最珍贵的记忆和最宝贵的财富。

祝福湖大勤工！祝福勤工人！

作者简介

李晓亮，曾任湖南大学勤工助学中心指导老师。